Recht und Justiz im SED-Staat

Falco Werkentin

Bundeszentrale für politische Bildung

Falco Werkentin
Jahrgang 1944;
Mittlere Reife 1961 in Berlin-Weißensee,
Abitur 1966 in Berlin-Moabit;
Studium der Soziologie an der FU Berlin;
langjähriger Redakteur der Zeitschrift „Bürgerrechte und Polizei (CILIP)"
seit Mitte der 70er Jahre diverse Forschungsprojekte und Publikationen zur bundesdeutschen Polizeigeschichte und zur Politik innerer Sicherheit;
seit 1991 Arbeiten zur DDR-Strafjustiz, Mitarbeiter des Berliner Landesbeauftragten für die Unterlagen des Staatsicherheitsdienstes der ehemaligen DDR.

Umschlag:
Vorderseite:
großes Foto: Bei ihren Demonstrationen am 17. Juni 1953 in Berlin ziehen Arbeiter über ein niedergerissenes Schild mit der Aufschrift: „Anfang des demokratischen Sektors von Groß-Berlin" hinweg. (Keystone Pressedienst, Hamburg)
kleines Foto: Prozess gegen vier „Abwerber" vor dem Obersten Gericht der DDR, 24. Januar 1956 (Bundesarchiv Koblenz)
Rückseite:
Öffentliche Sitzung der Enquetekommission des 12. Deutschen Bundestages „Aufarbeitung von Geschichte und Folgen der SED-Diktatur in Deutschland" am 11. Dezember 1992 (Deutscher Bundestag, Bonn)

Bonn 1998
Zweite durchgesehene Auflage 2000

Redaktion: Ulf Marwege
Gestaltung: Michael Rechl

Satz und Lithografie: Werbeagentur Rechl, 37281 Wanfried
Druck: Roco-Druck GmbH, 38302 Wolfenbüttel

ISBN 3-89331-344-3

Inhalt

1 **Einleitung**

„Unrechtsstaat" DDR? 5

Maßstäbe zur Bewertung der Justizpraxis 7

Quellen 8

2 **Die Ära Ulbricht 1945–1971** 10

2.1 Die Waldheimer „Prozesse" 1950 12

2.2 Urteile gegen Studenten durch ein sowjetischen Tribunal 18

2.3 Zuchthausstrafen gegen 19 Werdauer Oberschüler 1951 20

2.4 Rolle der Strafjustiz bei der Enteignung 23

2.5 Strafrechtliche Reaktion auf den Volksaufstand vom 17. Juni 28

2.6 Entführungen: Karl Wilhelm Fricke 38

2.7 Justiz und Opposition 1957–1958 41

2.8 Beitrag der Justiz zur Zwangskollektivierung 1960 47

2.9 Neue Justizpolitik nach dem Bau der Mauer 1961 50

2.10 Protest von Arbeitern gegen den Einmarsch von Truppen des Warschauer Paktes in die ČSSR 1968 52

2.11 „Abstimmung mit den Füßen" 54

2.12 Fluchthelferprozesse 64

3 **Die Ära Honecker 1971–1989** 67

3.1 Republikflucht und Anträge auf Ausreise 70

3.2 Vom „Devisenvergehen" zur „staatsfeindlichen Tätigkeit" 80

3.3 Konstruktion von Haftbegründungen 82

3.4 Opposition und politische Justiz in den 70er und 80er Jahren 86

3.5 Politische Justiz im Zivil-, Familien- und Arbeitsrecht 94

3.6 Selbsteinsichten der Justiz in der Wendezeit 96

4 **DDR – ein Unrechtsstaat?** 99

5 **Anhang** 100

5.1 Personalien, Tabellen, Paragraphen 100

5.2 Anmerkungen 103

5.3 Verzeichnis der Abkürzungen 107

5.4 Bildnachweis 107

5.5 Ausgewählte Literatur 108

1 Einleitung

„Unrechtsstaat" DDR?

Vor den Standesämtern der DDR wurden Millionen Ehen eingegangen, tagtäglich schlossen die Bürger unzählige Kauf- und Arbeitsverträge ab, im Todesfall traten die Hinterbliebenen das Erbe des Verstorbenen an. Im Falle eines Diebstahls, einer Körperverletzung oder einer betrügerischen Handlung riefen die Bürger die Volkspolizei, die die Ermittlungen aufnahm. Wurde ein Tatverdächtiger gefasst, kam es zur Anklage und zum gerichtlichen Verfahren. Die Verfassung der DDR, ein Gerichtsverfassungsgesetz und eine Strafprozessordnung legten die Regeln fest, nach denen das Ermittlungs- und das gerichtliche Verfahren abzulaufen hatten. Wurde dagegen verstoßen, konnte sich der betroffene Bürger - auch wenn er Beschuldigter war - mit rechtlichen Mitteln wehren.

Wie jedes moderne Gemeinwesen verfügte auch die DDR über ein - vergleichsweise allerdings weitmaschiges - Netz an Gesetzen, mit deren Geltung der Bürger rechnen konnte. Kam es zu rechtlichen Streitigkeiten, wurden diese - wie in der Bundesrepublik - nach vorher festgelegten Verfahrensregeln vor den zuständigen gerichtlichen Instanzen ausgetragen.

Wenn ehemalige Bewohner der DDR heute davon sprechen, dass „das Recht" in der DDR viel übersichtlicher und unkomplizierter gewesen sei als „das Recht" der Bundesrepublik, in der man nahezu immer auf einen Rechtsanwalt angewiesen ist, will man zu „seinem Recht" kommen, so mag das zutreffen.

Keine moderne Gesellschaft, kein moderner Staat könnte auch nur wenige Tage überleben, gäbe es für die Bürger nicht die Gewissheit, dass die rechtlichen Alltagshandlungen, wie beispielsweise der Abschluss eines Arbeitsvertrages, die Aufnahme eines Kredits bei der Bank oder der Einkauf von Lebensmitteln in der Kaufhalle, gesichert sind und auch noch in der folgenden Woche, in den kommenden Jahren rechtsverbindlich gelten. Ohne Verkehrsregeln und deren Befolgung - sowohl auf der Straße als auch im Verkehr zwischen den Bürgern und zwischen dem Bürger und der Verwaltung - kommt kein Gemeinwesen aus. Allerdings zählt es zu den Eigenarten der DDR, dass es gerade für die Beziehungen zwischen dem Bürger und der staatlichen Verwaltung kaum feste und einklagbare rechtliche Regeln gab. Konsequenterweise existierte innerhalb des Rechtssystems der DDR auch kein eigener Gerichtszweig wie in der Bundesrepublik (die Verwaltungsgerichte), der für Klagen der Bürger gegen staatliche Entscheidungen zuständig war.

Gleichwohl enthielt die Gesellschaftsordnung der DDR im Alltag viele Charakteristika eines modernen Gesetzesstaates. Daher ist man beim Abschluss des Einigungsvertrages im Jahre 1990 vom Grundsatz ausgegangen, dass in der ehemaligen DDR getroffene Rechtsentscheidungen und -vereinbarungen prinzipiell mit der Vereinigung nicht ihre Rechtskraft verlieren, sondern weiter wirksam sind - wenn auch die Unbestimmtheit mancher Regelungen, beispielsweise im Grundstücksrecht, heute für Probleme sorgt.

Warum wird aber gleichwohl der DDR die Qualität eines Rechtsstaates abgesprochen, wird gar vom „Unrechtsstaat DDR" gesprochen? Selbst jene, die diesem Staat und seiner führenden Partei jahrzehntelang als Juristen gedient hatten, zögerten nach dem Zusammenbruch des SED-Regimes nicht, der DDR die Qualität eines Rechtsstaates abzusprechen und anstelle dessen den Begriff des „Nicht-Rechtsstaates" einzuführen.[1] Mit diesem Begriff wandten sich ehemalige DDR-Juristen gegen den des „Unrechtsstaates", der von anderer Seite zur Kennzeichnung der rechtlichen Qualität der DDR verwandt wurde.

Um diese Frage geht es in diesem Band. Von welcher Qualität war das praktizierte Recht der DDR? Sie soll nicht rechtstheoretisch, sondern mittels beispielhafter Justizfälle erörtert und beantwortet werden.

Die Beispiele werden aus einem Bereich des geschriebenen und des praktizierten Rechts kommen, von dem bisher noch nicht die Rede war - dem des politischen Strafrechts und der politischen Justiz insgesamt. Von politischer Justiz wird - nach einer Definition Otto Kirchheimers - gesprochen, wenn gerichtliche Verfahren für politische Zwecke - für die Durchsetzung von Herrschaftsansprüchen und deren Sicherung mit Hilfe rechtlicher Formen – eingesetzt werden.[2]

Ein anderer bekannter Jurist, Friedrich-Christian Schroeder, erinnerte noch vor dem Zerfall der DDR daran, dass kein politisches System des 20. Jahrhunderts – die Bundesrepublik eingeschlossen – je darauf verzichtet hat, die jeweilige Staats- und Rechtsordnung mit den Mitteln des Rechts und insbesondere des Strafrechts zu schützen.

„Auch darf man nicht in den Fehler verfallen, der DDR zum Vorwurf zu machen, eine Staats- und Rechtsordnung wie die ihre auch noch mit strafrechtlichen Mitteln zu schützen. Der Schutz der jeweiligen Staats- und Rechtsordnung mit den Mitteln des Strafrechts ist vielmehr die legitime Aufgabe eines jeden Staates. Wenn gegenüber dem Strafrecht der DDR Vorwürfe erhoben werden, so müssen sich diese entweder gegen die vom Strafrecht geschützten Werte und Institutionen oder aber gegen die besonderen Methoden richten, mit denen dieser strafrechtliche Schutz erfolgt.“[3]

Warum aber konzentriert sich die folgende Darstellung auf die politische Justiz?

Wenn Juristen, selbst Rechtswissenschaftler der ehemaligen DDR, diesem System Rechtsstaatsqualität absprechen, dann übereinstimmend wegen der Art und Weise, wie in der DDR mit Mitteln des Rechts – oder unter dem Schein des Rechts – politische Justiz ausgeübt wurde, um die Herrschaft der SED zunächst durchzusetzen und später zu sichern.

Denn ob ein politisches System sich an Mindeststandards zivilisierter Rechtskultur hält, wie sie etwa von der europäischen Völkergemeinschaft in der Europäischen Menschenrechtskonvention aus dem Jahre 1950 oder der Weltvölkergemeinschaft im Internationalen Pakt über bürgerliche und politische Rechte der Vereinten Nationen vom 19. Dezember 1966 (in der DDR 1976 in Kraft getreten) niedergeschrieben sind, zeigt sich vorrangig nicht am Familien-, Arbeits- oder Verkehrsstrafrecht. Es zeigt sich vielmehr an jenen rechtlichen Regeln und deren Auslegung in gerichtlichen Verfahren, die das Verhältnis von Staat und Bürger betreffen. An ihnen lässt sich die Qualität moderner politischer Systeme messen – nicht an jenen Rechtsbereichen, die unter der Perspektive politischer Herrschaft bedeutungslos sind.

Ob und wie Herrschaft kalkulierbar und kontrollierbar ist, ob die Herrschenden sich an die verkündeten gesetzlichen Normen selbst halten, sich also auch dem Recht unterwerfen, ob die Einhaltung des geschriebenen und verkündeten Rechts einklagbar und Rechtsverletzungen strafbar sind, ob die Grund- und Menschenrechte der Bürger wirklich garantiert sind – das sind die Kernfragen moderner demokratischer Systeme. Die Antworten sind vorrangig in einem für das Verhältnis von Bürger und Staat besonders sensiblen Bereich zu finden: dem der politischen Justiz – ein Bereich, der sich keineswegs auf die politische Strafjustiz beschränken lässt.

Justizministerium der DDR Berlin, Clara-Zetkin-straße

Maßstäbe zur Bewertung der Justizpraxis

Die Maßstäbe, an denen die Rechtspraxis der DDR in diesem Band gemessen werden soll, müssen nicht von außen - etwa von Rechtskriterien der Bundesrepublik - geholt werden. Seit ihrer ersten Verfassungsurkunde vom 7. Oktober 1949 trat die DDR als moderner Verfassungsstaat auf. Zur Ausstattung ihrer beiden Verfassungen (1949 und 1968, letztere wurde 1974 einer begrenzten Revision unterzogen und neu bekannt gemacht) gehörte ein Grundrechtskatalog einschließlich der so genannten justiziellen Grundrechte. Damit werden in der Verfassung als dem obersten Gesetz eines Staates verbindlich niedergeschriebene Grundregeln zur Organisation und Arbeitsweise der Justiz und insbesondere zu den Rechten der beschuldigten oder klagenden Bürger benannt, die sie gegenüber dem Staat und dessen Justiz beanspruchen können.

In der DDR-Verfassung des Jahres 1949, die bis 1968 galt, hieß es unter anderem in Artikel 3:

„(...) Die im öffentlichen Dienst Tätigen sind Diener der Gesamtheit und nicht einer Partei."

Artikel 4 besagte unter anderem:

„Alle Maßnahmen der Staatsgewalt müssen den Grundsätzen entsprechen, die in der Verfassung zum Inhalt der Staatsgewalt erklärt sind. (...) Jeder Bürger ist verpflichtet, im Sinne der Verfassung zu handeln und sie gegen ihre Feinde zu verteidigen."

Otto Grotewohl, der erste Ministerpräsident der DDR, hob in einer 1949 erschienenen Broschüre zur Propagierung dieser Verfassung gerade dieses Widerstandsrecht besonders hervor:

„Verlässt die Staatsgewalt den Boden der Verfassung oder weigert sie sich, die Verfassung durchzuführen, so tritt das heilige Recht des Volkes auf Widerstand gegen die Machtusurpation und Willkür in Kraft."[4]

In Artikel 8 war unter anderem zu lesen:

„Persönliche Freiheit, Unverletzlichkeit der Wohnung, Postgeheimnis und das Recht, sich an einem beliebigen Ort niederzulassen, sind gewährleistet."

Artikel 10 besagte unter anderem:

„Jeder Bürger ist berechtigt, auszuwandern."

Artikel 50 erklärte die Volkskammer zum höchsten Organ der Republik. Sie traf - so hieß es weiter - unter anderem die Entscheidung über die Wahl und Abberufung der Mitglieder des Obersten Gerichtshofes und des Obersten Staatsanwalts; sie allein hatte das Recht der Gesetzgebung.

Artikel 127 erklärte: „Die Richter sind in ihrer Rechtsprechung unabhängig und nur der Verfassung und dem Gesetz unterworfen."

Blick auf den Gebäudekomplex des Ministeriums für Staatssicherheit an der Normannenstraße in Berlin

Artikel 133 garantierte das Prinzip der öffentlichen gerichtlichen Verhandlung, das nur in Ausnahmefällen (beispielsweise zum Schutz Minderjähriger) durchbrochen werden durfte.

Schließlich besagte Artikel 134, dass kein Bürger seinem gesetzlichen Richter entzogen werden dürfe. Das heißt, es war untersagt, für bestimmte Verfahren gegen bestimmte Personen bestimmte Richter einzusetzen. Zugleich verbot dieser Artikel Ausnahmegerichte, wie sie in der Zeit der nationalsozialistischen Diktatur installiert worden waren.

Beide Prinzipien (Verbot von Ausnahmegerichten und das des gesetzlichen Richters) sollen verhindern, dass jene, die an einem bestimmten Ausgang eines gerichtlichen Verfahrens Interesse haben, darauf Einfluss nehmen können, welche Richter über den Rechtsstreit entscheiden. Nicht mehr alle, aber doch viele, und gerade die justiziellen Grundrechte dieser Verfassung des Jahres 1949, finden wir in den späteren Verfassungsurkunden der DDR wieder.

Die Rechtswirklichkeit der DDR soll folglich an DDR-eigenen Maßstäben des geschriebenen Rechts bewertet werden. Hier kann dem rechtspolitischen Sprecher der PDS-Bundestagsfraktion, Uwe-Jens Heuer, gefolgt werden, der 1992 erklärte: „Wie immer man die Rolle der DDR-Verfassung für das gesellschaftliche Leben im allgemeinen und die Justiz im besonderen veranschlagen mag - als Rechtsquelle und verbindliche Norm der Gesetzgebung bestand sie. Die Richter hatten jedenfalls Veranlassung, davon auszugehen."[5]

Zwar kann das geschriebene Recht nie so eindeutig formuliert sein, dass jede Interpretation - oder Auslegung, wie der Jurist sagt - bei der Anwendung des Rechts auf konkrete Ereignisse oder Fälle verzichtbar ist. Auch im Recht der Bundesrepublik gibt es Auslegungsspielräume. Doch Auslegungen entgegen dem Wortlaut - als bewusste oder unbewusste Fehlinterpretationen, die dem klaren Sinn des Gesetzes widersprechen - sollen in der folgenden Darstellung der DDR-Justizpraxis nicht akzeptiert werden, auch wenn sie in der Rechtswirklichkeit regelmäßig vorgekommen sein sollten oder gar „von oben" angewiesen worden waren. Der Rechtsbruch, auch wenn er tausendfach und von staatlicher oder richterlicher Seite begangen wird, schafft kein neues Recht, sondern bleibt ein Rechtsbruch. Die DDR muss gegebenenfalls ihr geschriebenes Recht „gegen sich selbst" gelten lassen.

Neben einschlägigen Artikeln der DDR-Verfassungen liefern die Strafgesetzbücher und verfahrensrechtlichen Regeln - (Gerichtsverfassungsgesetz, Strafprozessordnung) weitere detaillierte Maßstäbe der folgenden Darstellung und Bewertung.

Öffentliche Sitzung der Enquetekommission des 12. Deutschen Bundestages „Aufarbeitung von Geschichte und Folgen der SED-Diktatur in Deutschland" am 11. Dezember 1992

Quellen

Seit 1991 haben sich die Archive der DDR geöffnet; die Registraturen des Ministeriums für Staatssicherheit stehen Opfern, den Strafverfolgungsbehörden und der Forschung offen; Menschen, die bis zur friedlichen Revolution über ihre Verurteilung und Haft in der DDR nicht zu sprechen wagten, begannen seit 1990, offen zu berichten.

Seit den ersten Rehabilitierungsverfahren im Wege der so genannten Kassation, später nach dem Ersten SED-Unrechtsbereinigungsgesetz, überprüften Staatsanwälte und Richter Urteile der DDR-Justiz. Bis Ende 1995 wurden etwa 142.000 Anträge auf Überprüfung von Urteilen der DDR-Justiz mit dem Ziele der Rehabilitierung der Verurteilten gestellt und in der überwiegenden Mehrzahl zugunsten der Antragsteller entschieden.

Zur selben Zeit leiteten Staatsanwälte erste Ermittlungsverfahren gegen ehemalige DDR-Juristen wegen des Verdachts der Rechtsbeugung ein. Inzwischen sind einige DDR-Staatsanwälte und Richter wegen Rechtsbeugung verurteilt worden - die Mehrzahl von ihnen wurde allerdings aus formaljuristischen Gründen freigesprochen oder nicht einmal angeklagt.

Die Enquetekommission „Aufarbeitung von Geschichte und Folgen der SED-Diktatur in Deutschland" des 12. Deutschen Bundestages hat vier Jahre lang gearbeitet, öffentliche Anhörungen mit Opfern dieser Justiz veranstaltet und Forschungsaufträge vergeben, um unter anderem Licht ins Dunkel der politischen Justiz der DDR zu bringen. Wer Interesse und Zeit hat, kann die Ergebnisse der verdienstvollen Arbeit der Enquetekommission nachlesen.[6]

Auszüge einiger Zeitzeugenaussagen finden sich im Folgenden abgedruckt.

Die Quellen, aus denen sich diese Publikation speist, sind nahezu unerschöpflich, sie immer im Detail anzugeben, würde den vorgesehenen Umfang dieses Bandes sprengen.

Aus der überaus großen Fülle der Urteile jener politischen Justiz, um die es hier geht, können kaum mehr als 20 oder 30 vorgestellt werden - und dies auch nur sehr knapp.

Daher ist versucht worden, so weit in den Archiven der DDR statistische Angaben zur Praxis der politischen Justiz zu finden waren, diese Daten anzugeben, damit in etwa deutlich wird, für wie viele andere Verurteilungen ein einzelnes, hier knapp geschildertes Urteil beispielhaft steht.

Die SED hat sich in ihrer gesamten Herrschaftsgeschichte davor gescheut, statistische Angaben über die Zahl der von ihrer Justiz aus politischen Gründen Verurteilten zu veröffentlichen, denn „politische Häftlinge" gab es nicht in der DDR – so das propagandistische Bild. Insgeheim jedoch wollten die Genossen an der Spitze der Parteiführung und der Justiz wissen, wie viele Bürger aus politischen Gründen in Haft geschickt wurden. Daher gibt es interne Statistiken, die zumindest für einige Jahre und einzelne Bereiche politischer Justiz ein Bild von der Zahl jeweils in Haft geschickter Bürger vermitteln.

Diese Zahlen sind gewiss nicht völlig exakt. Es gibt Fehler bei der Zusammenstellung der Statistiken, es ändern sich die Erfassungskriterien und Begriffe usw. Es gibt im Leben vielfältige Zwischensituationen, die von jeder Statistik – ob der der SED oder der des Statistischen Bundesamtes der Bundesrepublik – in ihrer Vielfalt nicht erfasst, sondern begradigt werden.

Daher sollten die statistischen Angaben in diesem Band nicht als Zahlen verstanden werden, bei denen wie in einer Mathematikaufgabe noch die dritte Stelle hinter dem Komma stimmen muss. Die statistischen Angaben mit manchen ihrer Lücken sollen nur andeuten, ob der im Detail geschilderte „Fall" beispielhaft ist für zehn, 100 oder gar 10.000 Fälle ähnlicher Art im selben Jahr oder in derselben Phase der DDR-Geschichte. Es geht um die Dimension, für die der einzelne Fall steht.

Problematische Urteile, insbesondere im Bereich des politischen Strafrechts, finden sich auch in der Justizgeschichte der alten Bundesrepublik. Ob es qualitative Unterschiede zwischen den politischen Systemen und ihrer Justiz gibt, lässt sich am wenigsten an Einzelfällen entscheiden. Vielmehr muss der Frage nachgegangen werden, ob der geschilderte Einzelfall wirklich typisch ist, also nur als Beispiel für unzählige gleichartige Fälle gelten kann, oder ob er ein „Ausreißer" ist – zwar schmerzlich für den Betroffenen, aber nicht mehr als ein Einzelfall, der untypisch ist für das Ganze. In diesem Band wird versucht, Belege dafür anzuführen, dass die vorgestellten Fälle beispielhaft für viele gleichgelagerte Urteile stehen.

Die Dimension, für die die einzelnen in diesem Band geschilderten Fälle exemplarisch stehen, lässt sich noch darstellen. Nicht auf so begrenztem Raum anschaulich zu machen ist aber, was es für die Opfer dieser Justiz bedeutete, zwei, fünf oder 15 Jahre ihres Lebens in den Haftanstalten der DDR vergeudet zu haben unter Haftbedingungen, die die Leser und der Autor bestenfalls ahnen können. Wer ernsthaftes Interesse an den Praktiken der DDR-Justiz hat, wer wissen will, was diese „Justiz" für die von ihr in politischen Verfahren Verurteilten bedeutete, sollte in erster Linie zu den im Literaturverzeichnis genannten Berichten ehemaliger Häftlinge greifen. Ohne Kenntnis der Erfahrungen und des Leids der Opfer ist ein Blick auf die politische Justiz der DDR ahnungslos.

Besser noch als das Lesen schriftlicher Berichte von Häftlingen ist es, mit den Opfern dieser Justiz zu sprechen. Wo sie gegeben ist, sollte sie bei jeder Gelegenheit ergriffen werden. Denn deren Berichte kann dieser Band nicht ersetzen.

Im folgenden Text ist weitgehend darauf verzichtet worden, Namen zu anonymisieren. So weit es Amtsträger des politischen und Justizsystems der DDR betrifft, ist dies die übliche, datenschutzrechtlich unbedenkliche Praxis in zeitgeschichtlichen Darstellungen. So weit es um Opfer der politischen Justiz geht, die wegen ihres Widerstands gegen das SED-Regime verurteilt wurden, ist die Nennung ihres Namens auch ein Akt ihrer öffentlichen Rehabilitierung. Nur dann, wenn Verurteilte sich bisher nicht selbst öffentlich zu ihrer Verurteilung geäußert haben oder in der zeitgeschichtlichen Literatur bisher ungenannt geblieben sind, wurde der volle Name nicht genannt.

Zuchthaus Bautzen

2 Die Ära Ulbricht 1945–1971

Unter den vielen Politikern, die die Entwicklung der Sowjetischen Besatzungszone und schließlich der DDR mit Unterstützung der sowjetischen Besatzungsmacht bestimmten und gestalteten, ragt Walter Ulbricht (s. Seite 100) heraus, so dass man für die Jahre zwischen 1945 und 1971 von einer „Ära Ulbricht" sprechen kann.

Mit dem Inkrafttreten der Gründungsverfassung am 7. Oktober 1949 wurde die Sowjetische Besatzungszone (SBZ) formal in eine begrenzte Souveränität entlassen und die Deutsche Demokratische Republik ausgerufen. Zu diesem Zeitpunkt gab es noch Länder mit Landesparlamenten und -regierungen, die erst im Herbst 1952 aufgelöst und durch die Bezirke ersetzt wurden. Allerdings behielt sich die Besatzungsmacht bis 1955 weiterhin das Recht vor, alle Bereiche der Verwaltung und Politik kontrollieren und überwachen zu können einschließlich der Befugnis, wie zuvor Bewohner der SBZ/DDR verhaften und verurteilen zu dürfen.

Walter Ulbricht, Generalsekretär/ Erster Sekretär des ZK der SED 1950 bis 1971, Staatsratsvorsitzender 1960 bis 1973, aufgenommen 1952

Wie die Gründung der Bundesrepublik war auch die Proklamation der DDR im Jahre 1949 längst nicht mehr eine „Stunde Null". Zentrale politische, wirtschaftliche und administrative Weichenstellungen waren bereits in den vier davorliegenden Jahren erfolgt.

Die großen Industrieunternehmen und Banken waren verstaatlicht worden; 1945/46 hatte die so genannte Bodenreform die Verhältnisse auf dem Lande deutlich verändert; in der Verwaltung waren die wichtigsten Schlüsselpositionen in der Hand der SED; Hunderttausende potentielle Gegner der Politik der SED waren aus der SBZ in die Westzonen geflohen oder saßen in sowjetischen Internierungslagern und Haftanstalten; dank der Unterstützung der sowjetischen Besatzungsmacht war die SED zur zentralen politischen Kraft geworden; die so genannten Blockparteien spielten als oppositionelle Kraft nach anfänglichen Widersetzlichkeiten bald keine Rolle mehr; die Drohung, aus politischen Gründen verhaftet und verurteilt zu werden, war bereits allgegenwärtig.

Wie im allgemeinen, so auch in der Justiz. Unter dem Stichwort „Entnazifizierung" wurden nahezu alle Juristen und Justizangestellten entlassen, die zu Zeiten der NS-Diktatur oder bereits in den Jahren der Weimarer Republik im Justizsystem beschäftigt gewesen waren. In Schnellkursen von sechs, später zwölf Monaten, war in so genannten Volksrichterlehrgängen eine neue Generation von Richtern und Staatsanwälten ausgebildet worden. Zurecht wurde vielen Juristen der NS-Zeit vorgeworfen, dass sie sich allzu willfährig als Vollzieher der Verbrechen der Nazidiktatur erwiesen hatten. In Kontrast zu den Westzonen bzw. der Bundesrepublik, wo nahezu alle aus der NS-Zeit belasteten Juristen wieder in den Justizdienst übernommen worden waren, ging die DDR einen radikal anderen Weg. Mochten auch die Volksrichter nur eine geringe juristische Ausbildung haben, so hatte doch das „Dritte Reich" unabweisbar gezeigt, wie wenig eine traditionelle, langjährige juristische Ausbildung davor geschützt hatte, sich „im Namen des Rechts" an bisher unvorstellbaren Verbrechen zu beteiligen. Es war ein richtiges Beginnen, so schien es und so war es versprochen.

SED-intern ging es jedoch um mehr – oder um anderes als nur, sich im Sinne eines demokratischen Neubeginns von nazistischen Juristen zu trennen. Nach dem leninistisch-stalinistischen Prinzip „Der Kader entscheidet alles" war der radikale Austausch des Justizpersonals ein zentrales Instrument, über die personelle Vorherrschaft von SED-Juristen die politische Kontrolle und Herrschaft über die Justiz zu sichern. Anders gesagt, es ging erneut gerade darum, ein Korps willfähriger Juristen heranzuziehen. Parteiintern wurde dieses Ziel durchaus benannt.

Ernst Melsheimer (s. Seite 100), einer der führenden SED-Juristen in der unmittelbaren Nachkriegszeit und ab 1950 bis zu seinem Tode im Jahre 1960 erster Generalstaatsanwalt der DDR, sprach es auf einer justizpolitischen Tagung der SED im Jahre 1948 unverblümt aus: „Man sollte beherzigen, dass es ein alter revolutionärer und demokratischer Grundsatz ist, dass man einen Staat dann umwandelt, wenn man zwei Dinge in der Hand hat: die Polizei und die Justiz. Die Polizei hat man in der Hand, die Justiz noch nicht. Dass wir sie in die Hand bekommen, sollte unser Ziel sein." [7]

Im übrigen zählte gerade er zu den wenigen Juristen, die in der DDR-Justiz dienten, obwohl sie in der NS-Zeit Karriere gemacht hatten. Melsheimer war allerdings nie Mitglied der NSDAP geworden.

Zugehörigkeit von Richtern und Staatsanwälten der DDR des Jahres 1950 zu NS-Organisationen

Organisation	Richter	Staatsanwälte
NSDAP	1	–
HJ/BDM*	15	1
sonst. NSDAP-Glied.	15	4
Summe:	**31**	**5**

Zwei Jahre später, 1950, hatte die SED auch die Justiz so weit „in der Hand", dass die sowjetische Besatzungsmacht dieser Justiz allmählich alle politischen Prozesse überantworten konnte, die bis 1952 überwiegend von sowjetischen Militärtribunalen geführt worden waren. In welchem Maße die SED bereits 1950 personell die Justiz beherrschte, zeigen folgende Zahlen:

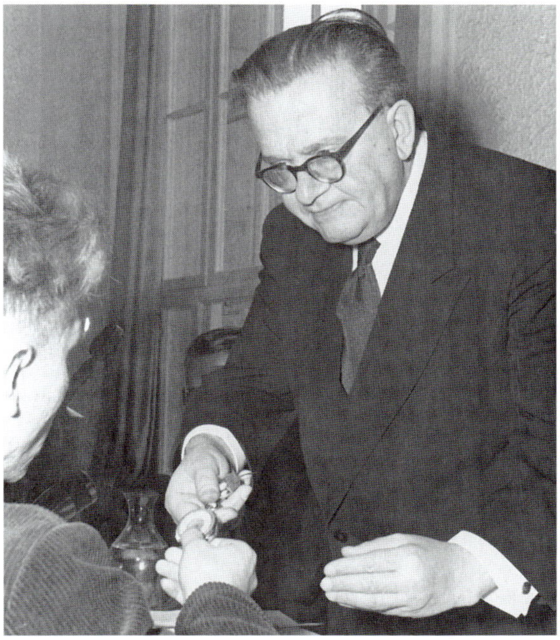

Ernst Melsheimer, Generalstaatsanwalt der DDR 1950 bis 1960, bei einem Prozess im Jahre 1952

Parteizugehörigkeit der Richter und Staatsanwälte, 1. April 1950 [8]

Partei	Richter	in Prozent	Staatsanwälte	in Prozent
SED	556	53,6	234	86,0
LDPD	181	17,5	10	3,7
CDU	113	10,9	17	6,3
NDPD	35	3,4	3	1,1
DBD	1	0,1	–	
ohne Partei	151	14,6	3	1,1
Summe:	**1.037**		**267**	

Innerhalb weniger Jahre stieg die Zahl der SED-Mitglieder unter den Richtern und Staatsanwälten auf über 90 Prozent – ungeachtet jenes Artikel 3 der Verfassung, in dem es hieß: „Die im öffentlichen Dienst Tätigen sind Diener der Gesamtheit und nicht einer Partei." Als Parteimitglieder unterstanden die SED-Juristen den Weisungen der Partei.

Wie dieses „Weisungsrecht" der SED(-Führung) gegenüber den „Genossen Juristen" in Anspruch genommen wurde, bewies 1950 ein Justizverbrechen, das sich als Vorzeichen für die Ausgestaltung der politischen Justiz in der Ära Ulbricht erweisen sollte.

* HJ und BDM, Hitlerjugend und Bund Deutscher Mädel, waren die Jugendorganisationen der NSDAP

2.1 Die Waldheimer „Prozesse“ 1950

Sich nach dem verbrecherischen NS-Unrechtsstaat wieder auf dem zivilisatorischen Niveau europäischer Rechts- und Verfassungskultur zu bewegen, war das Versprechen der ersten Verfassungsurkunde der DDR vom Oktober 1949. Die Waldheimer „Prozesse“, in der Propaganda gerade als strafrechtliche Abrechnung mit Verbrechen und Verbrechern aus der Zeit der nationalsozialistischen Diktatur dargestellt, wiesen in eine andere Richtung. Sie sind inzwischen eines der durch Dokumente und zeugenschaftliche Aussagen sowohl der Opfer wie der diese Prozesse gestaltenden Funktionäre am besten belegten Verbrechen im „Namen des Rechts“ und zeugen zugleich davon, wie sehr der antinazistische Anspruch der DDR von Beginn an missbraucht wurde.[9]

Mit der Besetzung Deutschlands wurden in allen Besatzungszonen von den Alliierten Personen verhaftet und in so genannte Internierungslager verbracht, die in Verdacht standen, die Besatzungsmächte zu gefährden. Dies war keine strafrechtliche Verfolgung, sondern eine Maßnahme, mit der die Alliierten ihre Sicherheitsinteressen zu wahren suchten. Daher waren auch die Kriterien, anhand derer Menschen in Internierungslager kamen, zunächst sehr grob (vor allem Mitgliedschaft und höhere Ränge und Funktion in Organisationen der NSDAP sowie im Staatsapparat des „Dritten Reiches“). Während in den Westzonen diese Lager bis 1948 aufgelöst wurden, bestanden sie in der SBZ/DDR bis Anfang 1950. In der SBZ wurden sie „Speziallager“ genannt und überwiegend auf dem Gelände ehemaliger Konzentrationslager betrieben. Als weitere Besonderheit der „Speziallager“ kam hinzu, dass alsbald nicht nur ehemalige Mitglieder nationalsozialistischer Organisationen hier eingesperrt wurden, sondern beispielsweise auch Sozialdemokraten, die sich kritisch und abwehrend gegenüber der von der sowjetischen Besatzungsmacht und der KPD/SED betriebenen Politik verhielten.

Strafvollzugsanstalt Waldheim

Am 17. Januar 1950 verkündete das „Neue Deutschland“ die Auflösung der sowjetischen Internierungslager in der DDR. Etwa 10.500 von sowjetischen Tribunalen Verurteilte wurden den DDR-Behörden zur weiteren Strafverbüßung übergeben, etwa 10.000 Internierte ohne Urteil freigelassen, rund 3.400 an die Behörden weitergereicht „zur Untersuchung ihrer verbrecherischen Tätigkeit und Aburteilung durch das Gericht der Deutschen Demokratischen Republik“.[10] Ihnen wurde ab April 1950 in Waldheim der „Prozess“ gemacht, darunter annähernd 160 Menschen, die bei der Kapitulation der Nazidiktatur noch keine 18 Jahre alt waren. Wie wir heute wissen, wurden die „Richter“ für diese „Prozesse“ vom zentralen Parteiapparat der SED in Berlin ausgewählt und ernannt. Ihnen wurde die Frage gestellt, ob sie bereit wären, von der SED gefällte Urteile zu verkünden. Wer sich hierzu nicht bereit erklärte, verspielte seine Ernennung zum „Richter“ in Waldheim. Während der „Prozesse“ schickte die SED einen Beauftragten „vor Ort“, der mit einer Kommission an jedem Abend die Urteile des folgenden Tages für die Richter festlegte.

Die „Verhandlungen“ dauerten im Regelfall zwischen 30 bis 60 Minuten; Verteidiger, Entlastungs- und Belastungszeugen traten nicht auf - nur in zehn Fällen gab es öffentliche Verhandlungen, wie sie Artikel 133 der Verfassung garantierte. Für diese zehn Verfahren am Ende der Prozessserie gegen etwa 3.400 Personen hatte die SED das Publikum ausgewählt und tagtäglich per Bus nach Waldheim gefahren. Doch bevor diese „öffentlichen“ Verhandlungen begannen, wurde noch schnell eine „Generalprobe“ gemacht, wie es in den Akten heißt - Justiz als Theaterspiel, doch mit blutigem Ausgang. Zum Tode wurden 32 Beschuldigte verurteilt, davon schließlich 24 hingerichtet. Die letzte Entscheidung über den Vollzug der Todesurteile traf der Generalsekretär des Zentralkomitees (ZK) der SED, Walter Ulbricht, ein Mann in einer Funktion, die weder in der geschriebenen Verfassung der DDR noch im Gerichtsverfassungsgesetz oder der Strafprozessordnung erscheint.

Zwei zum Tode Verurteilte waren noch vor der Exekution verstorben. In sechs Fällen wurde nach Genehmigung durch das Politbüro der SED „der Revision stattgegeben und in einer erneuten Verhandlung wurde lebenslängliche Zuchthausstrafe verhangen“ (sic).[11]

Wie in diesen „Prozessen“ Verurteilte diese Prozeduren erlebt haben, ist unter anderem anlässlich von Anhörungen der Enquetekommission „Aufarbeitung von Geschichte und Folgen der SED-Diktatur in Deutschland“ des 12. Deutschen Bundestages 1993/94 geschildert worden. Eine Vielzahl von Dokumenten belegt, dass diese Schilderungen zutreffen.

Einige Verfahren wurden 1950 vertagt, weil die Angeklagten nicht verhandlungsfähig waren. 1952 holte man diese „Prozesse“ nach. Ein besonders aufschlussreiches Dokument, das auf der folgenden Seite in Faksimile abgedruckt ist, belegt die Regieanweisungen für diese Prozesse.

In einer Besprechung zwischen Staatsanwaltschaft, Hauptverwaltung der Deutschen Volkspolizei und Justizministerium wird beschlossen, dass die Verfahren im Haus der Staatssicherheit Dresden verhandelt werden und die „Öffentlichkeit“ aus den dortigen Mitarbeitern bestehen soll.

Erklärungsbedürftig ist unter Punkt 2., Richter und Beisitzer sollten „möglichst durch Beschluss verwerfen“. Beim 1. Senat handelt es sich um den Rechtsmittelsenat, der darüber entscheidet, welche Rechts-

Verfahren von Waldheim (laut internem Abschlussbericht für das ZK der SED vom 5. Juli 1950)

insgesamt	Vertagung	bis 5 Jahre	5 - 10 Jahre	10 - 15 Jahre	15 - 25 Jahre	lebenslänglich	Tod
3.392	84	14	371	916	1.829	146	32
in Prozent							
100	2,5	0,4	10,9	27	54	4,3	0,9

„In diesem Ergebnis sind die vor erweiterter Öffentlichkeit im Rathaussaal zu Waldheim durchgeführten Verfahren enthalten.
Seit der Übergabe dieser Kriegsverbrecher und ihrer Helfershelfer aus dem Gewahrsam der sowjetischen Organe in den Gewahrsam der Deutschen Volkspolizei sind in Waldheim 88 verstorben.
Weiterhin sind wegen infektiösen Erkrankungen 73 Untersuchungshäftlinge noch nicht abgeurteilt, desgleichen 2 wegen geistiger Umnachtung, gemäß ärztlichem Gutachten.“[12]

mittel gegen das Urteil zugelassen werden (Berufung, Widerspruch etc.) Hier ist gefordert, dass jegliches Einlegen von Rechtsmitteln gegen das Urteil verworfen werden soll – in einer bewusst schwammigen Formulierung vor „zufälligen Lesern“ versteckt.

Wahlverteidiger sollen nicht zugelassen werden, ebenso auch keine Zeugen, „weil ... dann eine große Anzahl Freisprüche herauskäme“ (!) und man Betriebsfremde auch nicht in das Gebäude der Staatssicherheit lassen möchte. Anschließend legt man die Strafen im voraus fest. Die Niederschrift gibt auch Aufschluss darüber, dass über die Besprechung ein Vertreter der Sowjetischen Militäradministration informiert wurde.

Der Verfasser der Niederschrift aus dem Justizministerium macht mehrfach deutlich, dass er mit dieser Art der Verhandlungsführung nicht einverstanden ist.

In mehreren Strafverfahren wegen Rechtsbeugung sind seit 1993 an den Waldheimer Justizverbrechen beteiligte „Richter“ in über Monate sich hinziehenden Prozessen zu Haftstrafen, meist auf auf Bewährung, verurteilt worden.[13]

Einige – wenige – der SED-Mitglieder, die für diese „Prozesse“ als „Richter“ ernannt worden waren (Artikel 133 der DDR-Verfassung hatte wenige Monate zuvor „Ausnahmegerichte“ verboten – dass eine nichtstaatliche Organisation „Richter“ ernennen durfte, war auch nicht in dieser Verfassung zu lesen), entwickelten im Laufe der Verfahren so große Skrupel, dass sie sich der weiteren Prozessführung verweigerten, beispielsweise Richter Dittberner, ein Volksrichter. In einem Bericht für Ulbricht wurde er „parteifeindlicher Auffassungen“ und „trotzkistischer Tendenzen“ gescholten, denn er hatte, zwischen 1942 und 1945 selbst politischer Häftling im Zuchthaus Waldheim, eine Verurteilung mit folgender Begründung aufgeschoben: „Wenn seine (die des von ihm zu verurteilenden Mannes) Kollegen und Vorgesetzten als NS-Parteigenossen heute in der DDR wieder an maßgebender Stelle tätig sind, kann man den Nicht-Pg. (Pg. = Parteigenosse der

Die handschriftliche Anmerkung lautet: Herrn (Justiz-) Minister Fechner m.(it) d(er) B.(itte) um Kenntnisnahme. 18/3.52 Böhme

Quelle: SAPMO-BArch DY 30/IV 2/13/247

Hauptabteilung II

Berlin, den 18.3.1952
Bö/Bau.

Vertraulich !

Niederschrift

über die Besprechung beim Landesstaatsanwalt in Dresden am 17.3.1952 von 12 – 13 Uhr betreffend Durchführung der restlichen G-Verfahren.

An der Besprechung nahmen teil:
Landesstaatsanwalt Hentschel,
Oberstaatsanwalt Krügelstein,
Staatsanwalt Purkart vom Generalstaatsanwalt der Deutschen Demokratischen Republik,
Abteilungsleiter Wackernagel von der HVDVP und
Hauptabteilungsleiter Böhme vom Ministerium der Justiz der Deutschen Demokratischen Republik.

1. Es handelt sich um 40 Menschen, gegen 11 sind die Anklagen fertig, gegen weitere 20 sollen die Anklagen ~~von~~ 2 bis 3 Wochen fertig werden, 8 Untersuchungsgefangene sind noch nicht verhandlungsfähig. Verhandelt soll werden im Haus der Staatssicherheit Dresden, Proschhübelstrasse, es sollen Eintrittskarten ausgegeben werden an Angehörige der Staatssicherheit.

2. Besetzung der 1. Kammer:
Vorsitzender: Unger (zurzeit Hauptabteilung Dresden)
Beisitzer: Winkler (Zurzeit nach Annaberg abgeordnet)
1. Senat:
Vorsitzender: Pokorschelski
Beisitzer: Trautsch und Hartmann (sollen möglichst durch Beschluss verwerfen.)
Anklage vertritt in der 1. Instanz Staatsanwalt Wolf, Dresden, in der 2. Instanz 1 Staatsanwalt vom Generalstaatsanwalt der Deutschen Demokratischen Republik.
Schriftführer: 1 Staatsanwalt

3. Schöffen werden aus den 4er-Schöffen von Dresden ausgewählt.

4. Verteidiger:
Ausser Böhme sind alle der Meinung, dass nur 1 Staatsanwalt als Pflichtverteidiger auftreten kann, in keinem Falle ein Wahlverteidiger (Vollmachten liegen nicht beim Gericht vor und können auch noch nicht vorliegen).

– 2 –

– 2 –

5. Zeugen:
Ausser Böhme sind alle der Meinung, dass keine Zeugen vernommen werden können, weil
a) dann eine grosse Anzahl Freisprüche herauskämen,
b) weil in der Proschhübelstrasse verhandelt wird.

6. Strafen:
Gegen Jakob 15 Jahre,
gegen Dr. Aldenrath. 3 – 4 Jahre,
zweimal 4 – 5 Jahre,
dreimal 6 – 8 Jahre,
zweimal 8 – 10 Jahre,
zweimal 10 Jahre .
Die Untersuchungshaft soll allen seit Januar 1950 angerechnet werden.

7. Böhme hat das Ergebnis der Besprechung am 17.3.1952 abends Oberst Titow vorgetragen, der sich etwa in 4 Tagen dazu äussern wird.

(Böhme)

Herrn Minister Fechner
m. d. B. um Kenntnisnahme.
18/3.52
Böhme

Anlage 1

Abschrift

VFg.

Der Prüfungskommission des U-Organs vorlegen.

5.5.50 Di

Kurze Beschreibung des Sachverhalts:

Der Angeklagte war Nachrichtensprecher beim Berliner Rundfunk. Er gab den vorgeschriebenen Text ohne eigenen Kommentar weiter. Der NSDAP oder ihren Gliederungen hat er nicht angehört

---

Ein Kollege in gleicher Stellung beim Berliner Rundfunk war

Dr. Walter T a p p e (kein Pg)
heute im Berliner Rundfunk
außerdem: Dialog Regisseur beim Film "Begegnung an der Elbe"
" : Funktion im Kulturbund zur demokratischen Erneuerung.

Sein Vorgesetzter war

Horst Dressler-Andrees (Pg und Ehrenzeichenträger)
früher: Präsident der Reichsrundfunkkammer
Leiter der Abt. Rundfunk im Propagandaministerium (!)
heute: Intendant des Landessenders Weimar

Horst P r e u s s k e r (Pg und wahrscheinlich HJ-Bannführer)
früher: ebenfalls Nachrichtensprecher des Senders Breslau
während des Krieges Chef-Sprecher in Riga (unter dtsch. Besetzung)
heute: Berliner Rundfunk
(dem Gericht z.T. bekannt)

-2-

Das Gericht, einschließlich des Herrn Staatsanwalts ist einstimmig der Meinung, daß der Angeklagte einer jenen wenigen Fälle ist, die einen Freispruch oder eine vorherige einfach Freilassung rechtfertigen.
Wenn seine Kollegen und Vorgesetzten als Pgs heute in der DDR wieder an maßgebender Stelle tätig sind, kann man den Nicht-Pg, der an einfacherer Stelle stand, nicht gut verurteilen. Zudem kommt, daß der Angeklagte persönlich einen guten Eindruck macht und wie Künstler oft (er ist Schauspieler) etwas weltfremd ist. Er spricht vom "Timbre" seiner Stimme, von seiner"nicht heroischen Gestalt" und ähnlichen Unwichtigkeiten in allem Ernst.
Das Gericht bittet die Kommission, den Fall eingehend zu prüfen und den Angeklagten gegebenenfalls sich vorführen zu lassen, um einen persönlichen Eindruck zu gewinnen, da es sich anscheinend nicht um eine den Zielen des heutigen Staats gefährliche Person handelt.

Dittberner Pechmann Delling Janka Ullmann
Vorsitzender Beisitzer als Schöffen

Ruck
Staatsanwalt

F.d.R.d.A.:
gez. Fritsche
VP-Obwm.in

Verfügung des Richters Dittberner

Quelle: SAPMO-BArch DY 30/IV2/13/432

NSDAP), der an einfacher Stelle stand, nicht gut verurteilen.“[14]

Dittberner hatte einen Angeklagten zu den üblichen 15 bis 25 Jahren verurteilen sollen, gegen den nicht mehr als seine Funktion als Rundfunksprecher in der Nazizeit vorlag. Gleichzeitig hatte es einer der Vorgesetzten dieses Rundfunksprechers aus der Nazizeit in der DDR inzwischen zum Intendanten des Weimarer Rundfunks gebracht.

Dittberners Mangel an politischer Einsicht wurde dem Parteigericht – der Zentralen Partei-Kontroll-Kommission – vorgelegt, er wurde gemaßregelt, der Rundfunksprecher zu einer langjährigen Haft verurteilt.

Es gab unter den in Waldheim Verurteilten ohne Zweifel Personen, die in der Zeit der nationalsozialistischen Diktatur unvorstellbare Verbrechen begangen hatten. Einige von ihnen wurden – nachdem sie aus DDR-Haft entlassen worden und in die Bundesrepublik gegangen waren – noch Jahrzehnte später wegen dieser Verbrechen zu Haftstrafen verurteilt wie beispielsweise Kurt Trimmborn (s. Seite 16).[15] Hier wurden ihnen allerdings ihre Taten in einem wochenlangen Prozess konkret nachgewiesen – ganz im Gegensatz zu den Waldheimer Urteilen des Jahres 1950, die nach 30 bis 60 Minuten ausgesprochen wurden, ohne dass Zeugen und Beweismittel herangezogen wurden und sie den Beistand von Verteidigern hatten.

Zutreffend stellte bereits 1954 das Kammergericht in West-Berlin zur rechtlichen Qualität der Waldheimer Scheinverfahren fest, dass die „Waldheimer Verfahren“ rechtlich „als absolut und unheilbar nichtig“ zu bewerten seien. Die Entscheidung endete mit den Sätzen: „Die Feststellung, dass die von den Waldheimer Urteilen Betroffenen nicht rechtswirksam verurteilt sind, beinhaltet keinesfalls eine weitere Feststellung, dass somit auch deren Unschuld erwiesen sei. Es ist durchaus möglich, dass sich unter den Betroffenen solche Personen befinden, die sich nach dem geltenden Strafrecht strafbar gemacht haben. Einer Verfolgung dieser Personen steht keine Rechtskraft der Waldheimer Urteile entgegen.“[16]

Gewiss sind nicht alle Verfahren gegen Personen, die in der SBZ/DDR angeklagt waren, Verbrechen in der NS-Zeit begangen zu haben, nach dem „Modell“ der Waldheimer Scheinjustiz vollzogen worden. Es gab auch mit Todesurteilen endende Verfahren – so der gleichfalls 1950 in Ost-Berlin geführte Prozess gegen Beteiligte an der Köpenicker Blutwoche[17] (Politische Morde der SA im Juni 1933) –, die 1996 anlässlich ihrer Überprüfung im Rahmen eines Rehabilitierungsantrages für einen 1950 Verurteilten als rechtsstaatsverträglich bewertet wurden, so dass in diesem Fall eine Rehabilitierung ausgeschlossen wurde.[18]

Die anlässlich der „Waldheimer Prozesse“ praktizierten vielfältigen Lenkungs- und Eingriffsmechanismen, die die SED unter konsequentem Bruch mit

Wolfgang Völzke

Jahrgang 1928, Fähnleinführer des Deutschen Jungvolks – einer Unterorganisation der Hitler-Jugend, Kriegseinsatz als 16jähriger. November 1945 Flucht von Ostpommern nach Berlin (Ost).

Als 17jähriger Schüler im Juni 1946 von den Russen unter dem Vorwurf antikommunistischer Propaganda verhaftet. Völzke hatte unter anderem Flugblätter gegen die KPD verteilt und selbstverfasste Freiheitsgedichte weitergereicht.

Es folgten Vernehmungen im „Bunker“ Prenzlauer Berg, dann 3 1/2 Jahre Haft in den Speziallagern Hohenschönhausen (später Stasi-Gefängnis) und Sachsenhausen. Zwischendurch auf Transport in die Sowjetunion, dort aber ›aussortiert‹ und zurückgeschickt. In Waldheim zu acht Jahren Haft wegen „wesentlicher Förderung des Naziregimes“ und wegen „Agitation gegen die Besatzungsmacht“ verurteilt. Im Februar 1953 vorzeitig nach Berlin (Ost) entlassen, floh Völzke umgehend in die Bundesrepublik.

Wolfgang Völzke vor seiner Verhaftung und nach seiner Entlassung

Kurt Trimmborn

Jahrgang 1903, kaufmännische Lehre, seit 1928 SA- und seit 1929 NSDAP-Mitglied; ab 1933 im Polizeidienst. Nach Abschluss eines Kriminalkommissarlehrgangs Leiter der Kriminalpolizei-Dienststelle in Solingen.

Im Herbst 1941 wurde Trimmborn als SS-Obersturmführer nach Russland abkommandiert, wo er bis Anfang Januar 1943 dem Einsatzkommando 10 a angehörte, das der Einsatzgruppe „D“ unter Leitung von Otto Ohlendorf unterstellt war. Auftrag dieser Einsatzgruppen war der Massenmord an Juden.

Anschließend kehrte er nach Berlin zur Kriminalpolizei zurück, geriet 1945 in sowjetische Kriegsgefangenschaft, wurde 1950 den DDR-Behörden überstellt und am 17. Mai 1950 in Waldheim wegen seiner „Zugehörigkeit zu einer verbrecherischen Organisation und seiner aktiven Betätigung für die nationalsozialistische Gewaltherrschaft“ zu lebenslanger Haft verurteilt. Im April 1956 wurde Trimmborn – wie nahezu alle in Waldheim Verurteilten – vorzeitig entlassen. Er ging in die Bundesrepublik.

Nach acht Verhandlungstagen wurde er am 14. Juli 1972 vom Schwurgericht München wegen Mordes aufgrund seiner Beteiligung an Massenerschießungen jüdischer Bürger in der Sowjetunion zusammen mit zwei weiteren Mittätern zu vier Jahren Haft wegen Beihilfe zu einem Verbrechen des gemeinschaftlichen Mordes verurteilt. Das Gericht sah es als erwiesen an, dass die Männer in der Ortschaft Taganrog mindestens 200 Juden getötet hatten. Im Verfahren traten 41 Zeugen auf. Zudem wurden viele Dokumente, die Trimmborn belasteten, als Beweismittel verlesen. Diese Taten, so das Gericht, waren in Waldheim nicht Gegenstand der Verhandlung gewesen.

der frisch verabschiedeten Verfassung einsetzte, finden sich in unterschiedlichem Maße auch in den folgenden Jahren wieder. Insoweit war „Waldheim" eine Generalprobe für die SED-Justiz. Zu ihnen zählten:

- das für den Einzelfall oder Einzelkomplex gebildete Ausnahmegericht,
- die Auswahl und Ernennung der Richter durch zentrale Parteigremien,
- die Kontrolle über das Verfahren, von der Anklageerhebung bis zum Urteil, dem Urteilsdiktat und dem Urteilsvollzug, durch zentrale Parteigremien,
- das Verfahren unter Ausschluss der Öffentlichkeit,
- das Operieren mit rechtlich und tatsächlich völlig unhaltbaren „Deliktfabrikaten",
- die Absetzung, Verhaftung und gegebenenfalls Verurteilung von Justizfunktionären einschließlich der formell in ihrer Position besonders privilegierten Richter,
- der Rückgriff auf die „Parteijustiz" in Gestalt der SED-Parteikontrollkommission, um der SED zugehörige Richter gefügig zu machen und auf die aktuelle Parteilinie zu bringen,
- der Ausschluss jedweder Form unabhängiger Verteidigung, wie es für das Strafverfahren im demokratischen Verfassungsstaat charakteristisch ist.

Das – gemessen an den Tatvorwürfen – milde Urteil begründete das Gericht mit Trimmborns Haftjahren zwischen 1945 und 1956 sowie seinen Bemühungen, möglichst schnell vom Einsatzkommando wieder wegzukommen.[19]

Heinz Lindner

Jahrgang 1925, war Lindner Hauptscharführer der Hitlerjugend, bevor er als Soldat eingezogen wurde. Am 4. Januar 1946 wurde er in der Wohnung seiner Eltern in Mittenwalde verhaftet und zum NKWD (dem sowjetischen Geheimdienst) gebracht. Er hatte im Dezember 1945 Plakate abgerissen, mit denen die Bodenreform propagiert wurde. Seine weiteren Lebensstationen waren die Internierungslager Ketschendorf, Jamlitz und Buchenwald. Im Februar 1950 kam er nach Waldheim.

In den Vernehmungen wurden ihm die HJ-Mitgliedschaft und seine Zugehörigkeit zur Wehrmacht angelastet. Äußerungen über die Zustände in der SBZ brachten ihm den Vorwurf der antisowjetischen Hetze ein. Am 18. Mai 1950 fand seine „Verhandlung" statt.

Die Anklageschrift erhielt er am Abend zuvor für wenige Stunden ausgehändigt. Seine Verbrechen laut Anklageschrift: Verstoß gegen das Kontrollratsgesetz 10 und die Kontrollratsdirektive 38, da er „das NS-Regime wesentlich unterstützt, Verbrechen gegen die Menschlichkeit begangen und antisowjetische Hetze betrieben" habe.

In einer zehnminütigen Szenerie wurden zehn Jahre Haftstrafe verkündet. Nach der Verurteilung konnte er zum ersten Mal eine Postkarte an die Angehörigen schicken. Bis Februar 1954 saß Heinz Lindner im Zuchthaus Waldheim ein, dann verlegte man ihn in das so genannte Gelbe Elend (Zuchthaus Bautzen). Im Juli 1954 wurde Lindner vorzeitig entlassen.[20]

Haftbedingungen in Waldheim; Zeichnung eines unbekannten Waldheim-Häftlings

2.2 Urteile gegen Studenten durch ein sowjetisches Tribunal

Mit den Waldheimer Verfahren hatte die SED gegenüber ihrer sowjetischen Schutzmacht den Nachweis erbracht, dass die von ihr aufgebaute, kontrollierte und angeleitete Justiz nun in der Lage war, selbst politische Strafverfahren in eigener Regie zu organisieren. Doch zog sich die Besatzungsmacht erst 1955 völlig aus der Verfolgung von Gegnern der neuen politischen Ordnung zurück. Bis zu diesem Zeitpunkt wurden Bewohner der DDR auch weiterhin von sowjetischen Militärtribunalen verurteilt.

Entgegen der Hoffnung der SED, insbesondere jene Jugend für ihren sozialistischen Weg gewinnen zu können, die nach 1945 im „antifaschistischen Geist“ an Schulen und Hochschulen der SBZ/DDR erzogen wurde und bereits intensiver politischer Agitation seitens der SED unterworfen war, erwiesen sich in den Anfangsjahren der SBZ/DDR gerade die Hochschulen als Ort des Widerstands, den niederzuzwingen zunächst auch noch Sache des sowjetischen Geheimdienstes und sowjetischer Militärtribunale war.

Eine der Universitäten, an der sich immer wieder intellektueller Widerstand gegen die SED-Diktatur regte, war die Universität Halle. Hier wurden zum Beispiel am 10. März 1950 sieben Studenten vom NKWD - dem sowjetischen Geheimdienst - festgenommen. Zu ihnen gehörte Horst Hennig.

Jahrgang 1926, in einem Dorf in Sachsen-Anhalt geboren, musste er als 18jähriger 1944 in seinen ersten Kriegseinsatz. Er geriet 1945 in amerikanische Gefangenschaft, wurde aber bald entlassen und begann 1948 in Halle ein Medizinstudium. Wie viele Gleichaltrige durch die Erfahrung der nationalsozialistischen Diktatur sensibel geworden für die politischen Formen diktatorischer Regime, widersprach er Wahlen für studentische Vertretungen, bei denen „Einheitslisten“ vorgelegt wurden, ohne dass der Wählende die Möglichkeit hatte, einzelne Kandidaten zu wählen. Zugleich beunruhigte ihn, dass Studenten, mit denen er über Monate im Hörsaal gesessen hatte, plötzlich „spurlos“ verschwunden waren und Gerüchte besagten, dass sie verhaftet worden wären.

Am 10. März 1950 wurde er selbst vom sowjetischen Geheimdienst festgenommen.

Heute wissen wir, dass mehr als 160 Studenten der Universität Halle in den 50er Jahren in Haft kamen; noch mehr entzogen sich der Verhaftung durch die rechtzeitige Flucht.

Über die folgenden Verhöre berichtet Hennig:

„Die nächsten sechs Tage waren bestimmt durch fast ununterbrochene Verhöre, über 17 Stunden lang, in denen sich die Offiziere in aggressiv durchgeführten Vernehmungen schichtweise ablösten. Die Beschuldigungen lauten auf Spionage, antisowjetische Tätigkeit, illegale Organisation einer Studentengruppe in Halle.

Solche Verhöre zerbrechen unschuldige Menschen durch Schlafentzug, Erpressung und Androhung der Verhaftung von Familienangehörigen. Sie gestehen absurde Dinge, die auch nicht im geringsten der Wirklichkeit entsprachen, nur um am Leben zu bleiben.“

Horst Hennig vor und nach seiner Haft; Arno Esch (Foto rechts)

Und weiter schildert Hennig:

„Während der Verhöre stellte ich unter anderem dem Untersuchungsführer die Frage, warum ich von der sowjetischen Besatzungsmacht verhaftet worden sei; ich hätte doch nie mit einem Russen gesprochen. Antwort: Du bist ein Trotzkist! Ich protestierte, diesen Herrn nicht zu kennen bzw. je etwas von diesem gelesen zu haben. Dann bist Du eben ein Titoist!"

Am 19. September verkündete das Militärgericht des Truppenteils 07335 gemäß Artikel 58-6, Teil 1, und 58-10, Teil 2, und 58-11 des Strafgesetzbuches der RSFSR das Urteil: 25 Jahre Arbeitslagerhaft wegen „Spionage, Bildung einer illegalen Organisation und antisowjetischer Propaganda in einer studentischen Widerstandsgruppe". Sechs Kommilitonen wurden mit derselben Strafe belegt.[21]

Horst Hennig verbrachte die Haftzeit in den berüchtigten Arbeitslagern der Region Workuta. Wie viele andere von sowjetischen Tribunalen zur Arbeitslagerhaft Verurteilte wurde er im Jahre 1955 infolge der Verhandlungen Bundeskanzler Adenauers über die Entlassung deutscher Kriegsgefangener aus sowjetischer Haft vorzeitig entlassen und nach Deutschland zurückgeführt. Er setzte das Medizinstudium in Köln fort und trat nach Abschluss des Examens und der Doktorarbeit in die Bundeswehr ein.

Zweiunddreißig Jahre später, am 16. Oktober 1992, wurde Horst Hennig vom Militärstaatsanwalt der Russischen Föderation rehabilitiert. Die Rehabilitierungsurkunde besagt, dass er „unbegründet verhaftet und verurteilt" worden sei. Seit dieser Rehabilitierung bereiste er mehrfach Russland, schloss Freundschaft mit Russen und engagierte sich für die Rehabilitierung ehemaliger Haftkameraden.

Wie Horst Hennig sind seit 1991 Tausende anderer deutscher Bürger vom Obersten Gerichtshof der UdSSR, nach deren Auflösung von der Generalstaatsanwaltschaft der Russischen Föderation rehabilitiert worden - darunter viele, die von sowjetischen Militärtribunalen zum Tode verurteilt und hingerichtet wurden.

Zu den Verurteilten zählt unter anderen eine Gruppe Rostocker Studenten, Mitglieder der Liberal-Demokratischen Partei Deutschlands (LDPD) und ihrer Hochschulgruppe, die nach Gründung der DDR im Oktober 1949 vom sowjetischen Geheimdienst NKWD verhaftet und in zwei Prozessen - im Juli 1950 in Schwerin und im April 1951 in Moskau - von sowjetischen Militärtribunalen verurteilt wurden. Der Vorwurf: aufgrund ihrer feindlichen Gesinnung gegen die sowjetische Besatzungsmacht und die SED eine Untergrundorganisation gebildet, antisowjetische Agitation betrieben und Spionage geleistet zu haben. Bei sechs der insgesamt 14 jungen Menschen, die verhaftet und verurteilt worden waren, wurden die ausgesprochenen Todesurteile vollstreckt. In weiteren Fällen wurde die übliche Strafe von 25 Jahren Lagerhaft ausgesprochen. Die zu Haftstrafen Verurteilten wurden zum Teil 1953, die übrigen 1955 vorzeitig entlassen.

Der bekannteste unter den Hingerichteten war Arno Esch, Jahrgang 1928, seit 1946 Student der Rechtswissenschaften, Mitglied der FDJ, des Studentenrats der Universität Rostock, der LDPD und ihres geschäftsführenden Zonenvorstandes, Autor einer Reihe von Artikeln und Kommentaren in der Norddeutschen Zeitung - dem LDPD-Organ in Mecklenburg-Vorpommern. Er wurde am 24. Juli 1951 in Moskau hingerichtet.[22] Am 30. Mai 1991 rehabilitierte das Militärkollegium des Obersten Gerichts der UdSSR Arno Esch.

Urteilsauszug eines durch ein sowjetisches Militärtribunal gefällten Urteils. Diese Auszüge erhielt die Volkspolizei bei Übergabe der Häftlinge

Quelle: Gerhard Finn, Die politischen Häftlinge der Sowjetzone, Reprint 1989, S. 27

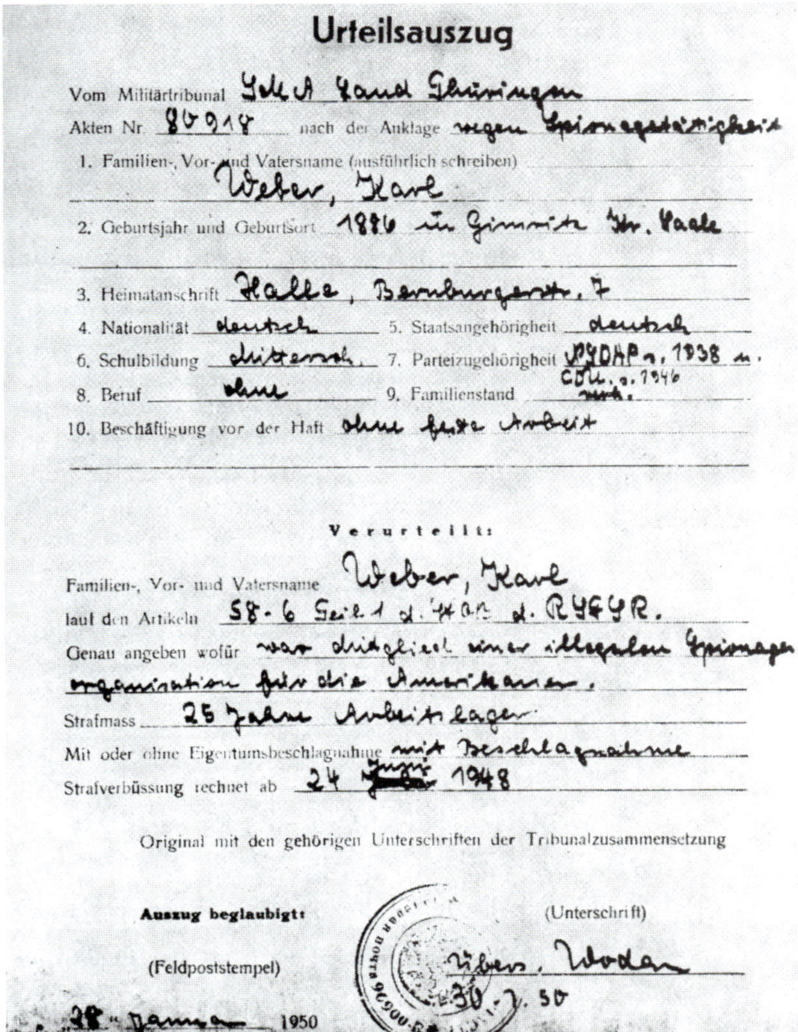

Urteilsauszug

Vom Militärtribunal [illegible]
Akten Nr. 80918 nach der Anklage wegen Spionagetätigkeit
1. Familien-, Vor- und Vatersname (ausführlich schreiben) Weber, Karl
2. Geburtsjahr und Geburtsort 1886 in [illegible] Kr. Saale
3. Heimatanschrift Halle, Bernburgerstr. 7
4. Nationalität deutsch 5. Staatsangehörigkeit deutsch
6. Schulbildung Mittelsch. 7. Parteizugehörigkeit NSDAP v. 1938 u. CDU v. 1946
8. Beruf ohne 9. Familienstand verh.
10. Beschäftigung vor der Haft ohne feste Arbeit

Verurteilt:

Familien-, Vor- und Vatersname Weber, Karl
laut den Artikeln 58-6 Teil 1 d. [illegible] d. RSFSR.
Genau angeben wofür war Mitglied einer illegalen Spionageorganisation für die Amerikaner.
Strafmass 25 Jahre Arbeitslager
Mit oder ohne Eigentumsbeschlagnahme mit Beschlagnahme
Strafverbüssung rechnet ab 24 [illegible] 1948

Original mit den gehörigen Unterschriften der Tribunalzusammensetzung

Auszug beglaubigt: (Unterschrift)
(Feldpoststempel)
Übers. Wodan
30.1.50
„28" Januar 1950

2.3 Zuchthausstrafen gegen 19 Werdauer Oberschüler 1951

Die Werdauer Oberschüler bei einem Tanzstundenball im Frühjahr 1950. Joachim Gäbler (letzte Reihe, erster von links) wird als Anstifter zu 15 Jahren Zuchthaus verurteilt. Sein Freund Theobald Körner (letzte Reihe, zweiter von links) erhält 10 Jahre Zuchthaus. Heinz Rasch (letzte Reihe, fünfter von links) wird mit 10 Jahren Zuchthaus bestraft. Die 17jährige Sigrid Roth (zweite Reihe, fünfte von links) erhält 12 Jahre Zuchthaus. Siegfried Müller (zweite Reihe, achter von links) und Hermann Kraus (zweite Reihe, dritter von rechts) erhalten 5 bzw. 6 Jahre Zuchthaus. In der ersten Reihe (rechts außen) sitzen Achim Beyer (8 Jahre Zuchthaus) und Gudrun Pleier (dritte von links), sie muss für 2 Jahre ins Zuchthaus

Die Konfliktstrategie der SED gegenüber der Gesellschaft sowie der alleinige Herrschafts- und Ideologieanspruch der Partei trieb zum einen in die Republikflucht. Zum anderen führte diese Politik zu vielfältigen Erscheinungen der Opposition und des Widerstands. Deren Formen waren vom SED-System vorbestimmt. Wer für öffentlichen Protest mit Zuchthaus bedroht wird, muss zu verdeckten Mitteln greifen; wer im eigenen Land keine Broschüren und Flugblätter drucken kann und darf, nimmt Hilfe von „außen" in Anspruch; wer in seiner Heimat keine öffentliche Kritik ausdrücken kann, informiert die Medien sympathisierender „Länder", will er nicht schweigen. In einer als Folge des Zweiten Weltkrieges geteilten, aber durch unzählige Bindungen gemeinsamer Kultur, Sprache, Geschichte und familiärer Netze gleichwohl noch vereinten Nation waren der Kontakt zur Bundesrepublik und die Unterstützung der Opposition in der DDR aus dem anderen Teil Deutschlands anfangs noch selbstverständlich.

Da die SED in ihrem totalitären Herrschaftsanspruch nahezu jede kritische Äußerung oder ein solches Verhalten „politisch" wertete, gab es entsprechend viele Fälle, die von der DDR-Strafjustiz als oppositionelles Verhalten verfolgt und bestraft wurden.

Seit Beginn der 50er Jahre, aber auch in den 60er, 70er und 80er Jahren, leisteten gerade junge Menschen – Schüler, Studenten, Jungarbeiter – gegen das politische System der DDR Widerstand. Sie wurden in teilweise spektakulären Prozessen zu hohen Strafen verurteilt.

Eines von vielen Beispielen sind die „Werdauer Oberschüler".

Am 3. Oktober 1951 begann um 10 Uhr vor dem Landgericht Zwickau ein politisches Strafverfahren gegen 19 Oberschüler, Lehrlinge und Jungarbeiter, unter ihnen sechs Jugendliche unter 18 Jahren.[23] Noch in der Nacht wurden die Urteile gesprochen. Die Strafen lagen zwischen zwei und 15 Jahren Zuchthaus. Es war ein Urteil, wie es in diesen Jahren zum Alltag der SED-Justiz gehörte. In der Anklageschrift wurde der Vorwurf erhoben, Verbrechen gemäß Artikel 6 der DDR-Verfassung in Verbindung mit Artikel III Absatz III der Kontrollratsdirektive 38 begangen zu haben.

Artikel 6 der DDR-Verfassung 1949

„Alle Bürger sind vor dem Gesetz gleichberechtigt.

Boykotthetze gegen demokratische Einrichtungen und Organisationen, Mordhetze gegen demokratische Politiker, Bekundung von Glaubens-, Rassen-, Völkerhass, militaristische Propaganda sowie Kriegshetze und alle sonstigen Handlungen, die sich gegen die Gleichberechtigung richten, sind Verbrechen im Sinne des Strafgesetzbuches. Ausübung demokratischer Rechte im Sinne der Verfassung ist keine Boykotthetze.

Wer wegen Begehung dieser Verbrechen bestraft ist, kann weder im öffentlichen Dienst noch in leitenden Stellen im wirtschaftlichen und kulturellen Leben tätig sein. Er verliert das Recht, zu wählen und gewählt zu werden."

Zwar ist dieser Artikel rechtlich nicht als Straftatbestand ausgestaltet. Jedoch statuierte das Oberste Gericht der DDR im so genannten „Zeugen Jehova-Urteil" vom 4. Oktober 1950 als Leitsatz: „Artikel 6 der Verfassung der DDR ist unmittelbar anzuwendendes Strafgesetz. Die in ihm aufgezählten Handlungen stellen keine einzelnen Tatbestände, sondern Begehungsformen eines Tatbestandes dar."[24]

„Sie haben im bewussten und gewollten Zusammenwirken Anfang Oktober 1950 eine Widerstandsgruppe in Werdau/Sa(chsen) gegen die DDR gegründet, Verbindung mit der Kampfgruppe gegen Unmenschlichkeit in West-Berlin aufgenommen und auf Weisung dieser die Herstellung und Verbreitung von Hetzzetteln vorgenommen; darüber hinaus sich bereit erklärt, als Partisanen mit Waffen gegen die DDR und die Sowjetunion für den amerikanischen und wiedererstehenden deutschen Imperialismus im Falle eines 3. Weltkrieges zu kämpfen."

Wie häufig, enthielt auch diese Anklage eine Mischung aus zutreffenden und erdichteten Vorwürfen. Achim Beyer, 1951 als 18jähriger Schüler zu acht Jahren Zuchthaus verurteilt, berichtete im Mai 1993 in einer Anhörung der „Enquetekommission" über den Prozess.

Aus dem Bericht von Achim Beyer

„Wir haben Flugblätter verteilt und geklebt, insbesondere gegen die Volkskammerwahl 1950, haben zum Widerstand gegen das SED-Regime aufgerufen, haben gegen das Todesurteil gegen Hermann Josef Flade protestiert. Ich lernte ihn während der Haftzeit kennen und hatte nach seiner Entlassung auch regen Kontakt mit ihm. (Flade hatte 1950 Flugblätter gegen die erste Wahl zur Volkskammer verteilt und einen Polizisten leicht verletzt. Hierfür wurde er zum Tode verurteilt. Nach internationalen Protesten änderte man das Urteil in eine 15jährige Zuchthausstrafe um – Redaktion)

Wir hielten die Sicherheitsorgane mehrere Monate in Aufregung. Im Ort selbst wurde unter der Bevölkerung viel diskutiert, wir wurden beobachtet. Es gab Verdächtigungen – in einer mittleren Kleinstadt mit knapp 30.000 Einwohnern keine Besonderheit. Entsprechende Bemerkungen finden sich in der Schulakte.

In der Nacht vom 18. zum 19. Mai 1951 wurden während einer Flugblattaktion zwei unserer Freunde verhaftet. Am darauf folgenden Morgen gab es Absprachen und Diskussionen über Fluchtwege und -zeiten. Aber nur wenige Schüler konnten fliehen. Meist waren dies Sympathisanten und/oder Mitwisser. Die Aktivisten wurden sämtlich verhaftet."[25]

Wegen der harten Urteile wurde über den Prozess gegen die Werdauer Oberschüler in der westdeutschen Presse ausführlich berichtet.

Aufmerksam auf den Prozess wurde am 3. Oktober 1951 aber auch Ministerpräsident Otto Grotewohl, der aus einer West-Berliner Zeitung von diesem Prozess erfuhr und – beunruhigt über die „schlechte Presse" – sich sofort mit Justizminister Max Fechner in Verbindung setzte, ihn bittend, die Durchführung des Prozesses zu verhindern bzw. die Aussetzung des Urteils zu veranlassen. Fechner schickte daraufhin seinen Hauptabteilungsleiter Böhme nach Zwickau, um die Verschiebung der Urteilsverkündung zu erreichen. Böhme traf aller-

Mindestens

50000 politische Gefangene

in der Sowjetzone Deutschlands

mindestens

37000 politische Verschleppte

aus der Sowjetzone Deutschlands

warten nicht auf gesamtdeutsche Gespräche, sondern auf

gesamtdeutsche Taten:

Freilassung aller politischen Gefangenen,

Auflösung der verbrecherischen Organisationen des sowjetzonalen Staatssicherheitsdienstes

KAMPFGRUPPE
gegen Unmenschlichkeit
BERLIN-NIKOLASSEE

Das Schandurteil von Zwickau

Die KAMPFGRUPPE GEGEN UNMENSCHLICHKEIT hat aus der Sowjetzone Deutschlands folgenden Brief erhalten:

„Gestern hat die 1. Große Strafkammer des Landgerichtes Zwickau gegen 19 Oberschüler aus Werdau und Umgebung die furchtbare Strafe von insgesamt 130 Jahren Zuchthaus verhängt. Der Prozeß fand unter Ausschluß der Öffentlichkeit statt. Auch die Eltern der Kinder durften der Verhandlung nicht beiwohnen und warteten bis 1 Uhr nachts auf dem Ernst-Toller-Platz vor dem Landgericht Zwickau auf die Urteilsverkündung. Die dort wartende Menschenmenge wurde durch einen Polizeikordon von 50 Mann am Betreten des Gerichtsgebäudes gehindert. Außerdem wurde die Menge durch zahlreiche Spitzel überwacht.

Folgende Urteile wurden gefällt:

Joachim Gäbler,	17 Jahre alt,	15 Jahre Zuchthaus
Karl-Heinz Eckardt,	16 Jahre alt,	14 Jahre Zuchthaus
Gerhard Schneider,	19 Jahre alt,	13 Jahre Zuchthaus
Theobald Körner,	18 Jahre alt,	10 Jahre Zuchthaus
Sigrid Roth,	17 Jahre alt,	12 Jahre Zuchthaus
Heinz Rasch,	18 Jahre alt,	10 Jahre Zuchthaus
Hermann Krauß,	18 Jahre alt,	6 Jahre Zuchthaus
Achim Beyer,	19 Jahre alt,	8 Jahre Zuchthaus
Gerhard Büttner,	16 Jahre alt,	6 Jahre Zuchthaus
Gottfried Karg,	18 Jahre alt,	5 Jahre Zuchthaus
Siegfried Müller,	19 Jahre alt,	5 Jahre Zuchthaus
Günter Fritzsche,	17 Jahre alt,	7 Jahre Zuchthaus
Gudrun Pleier,	17 Jahre alt,	2 Jahre Zuchthaus
Edgar Göldner,	17 Jahre alt,	2 Jahre Zuchthaus
Manfred Stets,	24 Jahre alt,	3 Jahre Zuchthaus
Günther Kahler,	18 Jahre alt,	3 Jahre Zuchthaus
Anneliese Stets,	25 Jahre alt,	2 Jahre Zuchthaus
Wolfram Schürer,	18 Jahre alt,	2 Jahre Zuchthaus
Walter Daßler,	31 Jahre alt,	5 Jahre Zuchthaus

Die Haltung der Jugendlichen war tapfer, mutig und stolz. Einige der Jugendlichen nannten den Staatsanwalt Piehl des öfteren einen Lügner. Besonders bravourös war die Haltung von Joachim Gäbler, der wörtlich sagte: „Ich bin stolz darauf, daß ich für die Freiheit gekämpft habe." Jeder versuchte den anderen so wenig wie nur möglich zu belasten.

Fritzsches Vater wurde von den Faschisten im KZ ermordet. Die OdF-Rente, die die Mutter bis dahin erhielt, entzog man ihr sofort nach der Verhaftung des Sohnes.

Der Vater von Schürer wurde im SED-KZ ermordet.

Ein zweiter Prozeß gegen 15 weitere Schüler aus Werdau, Zwickau und Umgebung und eine noch nicht festzustellende Zahl von Wismutarbeitern steht noch bevor.

Wir fordern die Kampfgruppe gegen Unmenschlichkeit auf: Setzt Euch mit allen Euch zur Verfügung stehenden Mitteln für die Befreiung der tapferen Widerstandskämpfer ein, macht davon die von der SED propagierten Wahlen abhängig. Der Rundfunk soll Euch eine ausreichende Sendezeit zur Verfügung stellen. Tretet mit der Bundesregierung in Verbindung.

Kein Tag darf vergehen, an dem nicht über dieses Schandurteil gesprochen wird!"

Herr Pieck, ist das Ihre Amnestie?

Vorder- und Rückseite eines Flugblattes der Widerstandsorganisation „Kampfgruppe gegen Unmenschlichkeit"

Anneliese Stets (dritte von unten in der Namensliste) war nicht 25 Jahre alt, wie im Flugblatt angegeben; sie wurde im Alter von 16 Jahren verurteilt

dings erst ein, nachdem die Urteile bereits ausgesprochen waren. Ihm blieb kaum mehr als die Anweisung, dass in der DDR-Presse über diesen Prozess zu schweigen sei, obwohl das Verfahren immerhin vor handverlesenen SED-, FDJ- und sonstigen Funktionären der Massenorganisationen als „Öffentlichkeit" geführt worden war. Eltern und Verwandten der Angeklagten war hingegen der Zutritt verweigert worden.

Bereits eine Woche vor der Verhandlung waren Landesstaatsanwaltschaft und der Vorsitzende Richter der Kammer „sich einig, dass das Jugendstrafrecht auf die Angeklagten keine Anwendung finden sollte. Auch die Strafhöhe wurde besprochen. Die Landesstaatsanwaltschaft erklärte sich ausdrücklich damit einverstanden."[26]

Was den nach Ablauf und Strafrahmen für diese Jahre durchaus typischen Prozess besonders interessant macht, sind einige Begleitumstände. Weder die Landesleitung der SED Sachsen noch die ZK-Abteilung Staatliche Verwaltung oder das Justizministerium waren vorher informiert worden. Den Grund erklärte später der Landesstaatsanwalt Sachsen in einem Schreiben an die Abteilung Staatliche Verwaltung der SED-Landesleitung:

„... es bestehe eine Anweisung des Ministeriums für Staatssicherheit, dass die Landesstaatsanwaltschaft in allen Strafsachen, bei denen die Voruntersuchung bei der Staatssicherheit liegt, weder einer Stelle der Staatsverwaltung einschließlich der Hauptabteilung (HA) Justiz, noch einer Stelle der Partei einschließlich der Landesleitung eine Mitteilung machen dürfe."[27]

Diese Entscheidung des MfS erregte größte Verärgerung bei der Partei, als „deren Schwert und Schild" das MfS doch gerade wirken sollte. Doch erst nach dem 17. Juni 1953 und der Absetzung des ersten MfS-Chefs Wilhelm Zaisser erfolgte die definitive, strukturelle Unterordnung des MfS unter die Partei mit klaren Informations- und Anweisungslinien.[28]

Wenn die SED nicht rechtzeitig über politische Prozesse informiert sei, so 1951 der Berichterstatter der Abteilung Staatliche Verwaltung der SED-Landesleitung Sachsen, könne die Partei die Prozesse auch nicht beeinflussen: „Uns ist bekannt, dass in den letzten Monaten eine ganze Reihe ähnlicher Prozesse gegen Oberschüler in verschiedenen Gegenden Sachsens stattgefunden haben. Da uns darüber vorher keine Nachricht zugegangen ist und keine Berichte darüber vorliegen, ist die Partei nicht in der Lage, eine politische Beeinflussung der Prozesse hinsichtlich der Vorbereitung, Durchführung und Auswertung vorzunehmen."[29]

Nachdem das Justizministerium nun im Nachhinein eingeschaltet worden war, gab Minister Fechner die „vertrauliche mündliche Anweisung": „Wenn Zuchthausstrafe über zehn Jahre zu erwarten ist, so soll, wenn überhaupt eine solche Strafe als unbedingt notwendig angesehen wird, das Urteil erst nach Rücksprache über die HA mit dem Ministerium der DDR gefällt werden. Die gleiche Weisung hat die GStA (Generalstaatsanwaltschaft) Berlin an die Landesstaatsanwaltschaften gegeben; Strafanträge über zehn Jahre Zuchthaus bedürfen künftig der Genehmigung der GStA Berlin."[30]

Schließlich zog das Sekretariat des ZK der SED Lehren aus diesem Prozess: „Um in Zukunft derart politisch schädlichen Auswirkungen, die die Durchführung solcher Prozesse in einem falschen Zeitpunkt mit sich bringt, entgegen zu wirken, hat das Sekretariat des ZK beschlossen, dass alle Urteile, in denen mehr als 10 Jahre Freiheitsstrafe vorgesehen sind, einer Kommission zur Beschlussfassung vorzulegen sind."[31]

Die Zusammensetzung dieser Kommission ist einem anderen Dokument - einem Beschluss des Sekretariats des ZK der SED vom Winter 1952 - zu entnehmen. Demnach bestand sie zunächst aus dem Minister der Justiz, dem Generalstaatsanwalt und einem Genossen der ZK-Abteilung „Staatliche Verwaltung".

Hinweise auf eine „Kommission", die Strafentscheidungen trifft bzw. dem Politbüro der SED Vorschläge für Prozesse und die zu fällenden Urteile macht, finden sich bis 1963.

In der Regel bestätigte das Politbüro der SED - als das heimliche „Oberste Gericht" der DDR - diese Vorschläge. Vergleicht man jene Urteile der Gerichte, in denen zuvor das Politbüro über eine Vorlage dieser so genannten Justizkommission beraten und die Strafe festgelegt hatte, so ist festzustellen, dass nahezu immer die Richter jene Strafe aussprachen, die im Voraus vom Politbüro beschlossen worden war.

2.4 Rolle der Strafjustiz bei der Enteignung

Bei der Bodenreform in der sowjetischen Besatzungszone im Jahre 1945 setzte die KPD eine Politik durch, die möglichst viele von der Bodenreform Begünstigte schaffte. Demgegenüber hatten CDU und SPD darauf gedrängt, ökonomisch lebensfähige bäuerliche Betriebsgrößen zu schaffen. So nimmt es nicht wunder, dass die ersten Landwirtschaftlichen Produktionsgenossenschaften (LPG) von Neubauern gebildet wurden, deren Betriebsgrößen zu klein waren, um ein Überleben als Bauern zu sichern. Insoweit war die Bodenreform der erste Schritt zur Kollektivierung der Landwirtschaft. Deren politisches Ziel war die soziale Liquidierung eines selbständigen Bauerntums. Ein wichtiger Hebel zur Durchsetzung waren Strafprozesse nach der Wirtschaftsstrafverordnung der SBZ aus dem Jahre 1948. Sie sah harte Strafen und Enteignungen vor, wenn Ablieferungsverpflichtungen nicht erfüllt wurden. Diese Verpflichtungen wurden gerade für so genannte Großbauern so hoch angesetzt, dass sie kaum erfüllbar waren, LPGs dagegen wurden begünstigt. Diese Politik trieb Zehntausende Bauern in die Flucht, Tausende Bauern in die Gefängnisse.

Im Juli 1952 trat in Berlin die 2. Parteikonferenz der SED zusammen. Auf Vorschlag des Politbüros beschloss sie den „Aufbau der Grundlagen des Sozialismus" mit dem „Staat als Hauptinstrument". Was dies bedeutete, wurde umgehend und schmerzhaft spürbar. Die Zahl der Verhafteten stieg rapide an; die Justiz kam mit den Verurteilungen nicht mehr hin-

Werbeschild für LPG (Landwirtschaftliche Produktionsgenossenschaft)

terher; die Gefängnisse waren so überfüllt, dass sich zeitweilig acht bis zehn Personen eine Zelle teilen mussten, die für zwei Personen vorgesehen war.

Gab es zum Zeitpunkt der 2. Parteikonferenz im Juli 1952 etwa 37.000 Untersuchungs- und Strafgefangene in den Gefängnissen der DDR, so waren es zehn Monate später, Ende Mai 1953, fast 67.000. Ein Großteil von ihnen waren selbständige Bauern und Gewerbe treibende.

In dieser Phase wurden Strafverfahren vor allem genutzt, um selbständige Bauern sowie kleine und mittlere Gewerbetreibende unter dem Vorwand krimineller Straftaten enteignen zu können. Seit dem Beschluss über den „Neuen Kurs" der SED vom 9. Juni 1953 wurden nahezu alle verurteilten Bauern aus der Haft entlassen und ihnen ihre Höfe zur „Nutzung" zurückgegeben. Doch seit 1957 wurde der Kollektivierungsdruck wieder verstärkt, bis schließlich im Frühjahr 1960 die Kollektivierung der Landwirtschaft in wenigen Monaten abgeschlossen wurde.

Ein Beispiel soll verdeutlichen, mit welchen Mitteln zu Beginn der Kollektivierung Anfang der 50er Jahre die Justiz zum Aufbau des Sozialismus beitrug.

„Bauernbefreiung" in Dähre

Dähre ist ein großes altmärkisches Dorf im Kreis Salzwedel. Es hatte 1951 etwa 1.500 Einwohner und 83 landwirtschaftliche Betriebe.

Ende 1951 wurde der Ort vom SED-Landwirtschaftsminister Sachsen-Anhalts für einen Schauprozess ausgewählt, um die Bauern der Region zur Erfüllung ihrer Ablieferungsauflagen zu „erziehen". Die Inszenierung endete für die SED in einem Debakel. Es kam zu einem spontanen Bündnis der Handwerker und Bauern des Ortes, die einen verurteilten Bauern aus den Händen der Volkspolizei befreiten.

Die Ereignisse begannen am Mittwoch, dem 19. Dezember 1951:

Sachsen-Anhalts Land- und Forstwirtschaftsminister Willi Maikath, SED, eröffnete morgens eine Sitzung, zu der leitende Mitarbeiter der Kreisverwaltung eingeladen waren, um Maßnahmen zu treffen, durch die Ablieferungsprobleme im Kreise gelöst werden sollten. Maikath legte fest, dass noch am selben Tag im Kreis zwei Prozesse gegen Großbauern zu führen seien, und benannte die Abzuurteilenden. In der Sprache des Rechts ausgedrückt: Der Minister erhob Anklage und erließ zugleich den (richterlichen) Eröffnungsbeschluss zur Hauptverhandlung. Ausgewählt wurde neben einem anderen Landwirt der Großbauer F. aus Dähre mit einem etwa 40 Hektar großen Hof. F. war bei der Ablieferung mit folgenden Mengen in Rückstand gekommen: „220 dz Kartoffeln, ca. 9.000 kg Milch, 1.226 kg Fleisch, 589 kg Hülsenfrüchte und 122 dz Getreide".[32] Dem Minister war zwar bekannt, dass die örtliche Schadenskommission, die zu prüfen hatte, ob Ablieferungsprobleme auf Ursachen beruhen, die die Bauern nicht zu verantworten hatten, beim Bauern F. „größere Wild-, Nässe- und Saatgutschäden" anerkannt hatte, ließ dies jedoch nicht gelten.

Um 12.30 Uhr trafen in Dähre zwei Volkspolizei(VP)-Angehörige ein, verständigten den Bürgermeister, vernahmen den Bauern F. und ließen ihn einsperren.

Um 13.00 Uhr wurde Staatsanwalt Schulze in Stendal instruiert, dass er noch am selben Tag in Dähre einen Prozess zu führen habe.

Ebenfalls in Stendal erfuhr Amtsrichter Scharper um 14.30 Uhr per Telefon, dass er am Abend in Dähre für einen Prozess zur Verfügung zu stehen habe. Hauptabteilungsleiter Ortleb von der Hauptabteilung Justiz beim Ministerpräsidenten Sachsen-Anhalts in Halle erhielt um 15.00 Uhr vereinbarungsgemäß telefonisch Nachricht über die in den nächsten Stunden durchzuziehenden Schnellverfahren.

Gegen 19.30 Uhr war der Verhandlungsraum in Dähre mit etwa 30 bis 40 Dorfbewohnern, den Justizfunktionären, einigen VP-Angehörigen, dem Angeklagten und einigen Sachverständigen gefüllt; es begann die „Verhandlung". Die agitatorische Botschaft der Inszenierung kam bei den Zuschauern nicht an: „Die Argumentation des Staatsanwalts war dadurch erschwert, dass eine fortlaufende sabotierende Tätigkeit in der Ablieferung dem Großbauern F. nicht nachgewiesen werden konnte und dass selbst Mitarbeiter des Erfassungsapparates aus anderen Kreisen, beispielsweise Kölleda und Oschersleben, in der vorangegangenen Zeit bestätigten, dass F. nicht mehr im Stande ist, weiterhin abzuliefern. Zeugen aus der bäuerlichen Bevölkerung des Dorfes waren zuvor nicht vorbereitet und es wurde mit ihnen gar nicht darüber gesprochen. Die herangezogenen Sachverständigen bestätigten fast durchweg, dass Bauer F. in der Vergangenheit ein guter Ablieferer war und dass die rückständigen Ablieferungsmengen das Resultat der bereits angeführten Schäden ist."[33]

Während der Verhandlung wurden Unmutsäußerungen der Zuschauer laut.

Etwa um 20.30 Uhr sprach der Richter das am Vormittag von Minister Maikath gefällte Urteil. Bauer F. erhielt eineinhalb Jahre Haft- und 1.000 DM Geldstrafe; er war zum Zwecke des Strafantritts sofort festzunehmen und in die Haftanstalt zu überführen.

Zehn Minuten später wurde Bauer F. in Handschellen gelegt, aus dem Schulgebäude hinausgeführt und in einen PKW verbracht, der ihn ins Ge-

Beginn der Kollektivierung: Erste LPG der DDR in der Gemeinde Merxleben, 1952

fängnis bringen sollte. Vor dem Schulhaus hatten sich inzwischen ungefähr 60 bis 80 Bewohner Dähres versammelt, die erregt die Freilassung des Bauern forderten. Ein Klempnermeister rief in lautem Ton: „Wir wollen frei sein, wie uns're Väter waren!“[34] Die Menge bedrängte die Volkspolizisten, denen es jedoch gelang, mit dem Gefangenen im PKW bis zum Dorfausgang zu fahren. In dem später gegen einige Bewohner aus Dähre wegen dieser Ereignisse gefällten Urteil des Landgerichts Magdeburg heißt es zum weiteren Verlauf:

„Zur selben Zeit wurde auch bekannt, dass der Kraftwagen mit F. am Dorfausgang wartete. Den Staatsanwalt und den VP-Kommissar in die Mitte nehmend, begab sich die Menge dann zu dem Dorfausgang und erzwang dann tatsächlich die Freilassung des F. Dieser von dem Kommissar B. seiner Fesseln entledigt und aufgefordert, freiwillig mitzukommen, lehnte diese Aufforderung jedoch ab, bedankte sich bei der Menge und begab sich nach Hause. Seit diesem Zeitpunkt ist F. flüchtig.“[35]

Sozialismus auf dem Land

Nach diesem Debakel befasste sich das Politbüro der SED mehrfach mit dem Vorfall in Dähre; die Genossen vor Ort bereiteten eine große Propagandaveranstaltung in Dähre vor, um die Scharte auszuwetzen; aus Großbetrieben der Region wurden für eine Abendveranstaltung der Partei Genossen als Publikum ausgewählt und speziell für den kommenden Abend geschult. Anschließend berichteten die Genossen über einen großartigen politischen Abend in Dähre, in dessen Verlauf die Verbrecher von den Volksmassen des Dorfes verurteilt worden seien. Im Juni 1952 sprach das Bezirksgericht Magdeburg gegen vier Bewohner Dähres, die sich an der Befreiung beteiligt hatten, Haftstrafen zwischen sechs Monaten Gefängnis und dreieinhalb Jahren Zuchthaus aus.

Doch die Vorwürfe, bewusst und vorsätzlich Ablieferungsversäumnisse oder Steuerschulden eingegangen zu sein, waren nicht die einzigen Vorwände, um Bauern zu enteignen.

Sieben Pfund Gänsefedern

Sieben Pfund Gänsefedern, 1952 in West-Berlin verkauft, mussten zum Beispiel im April 1953 herhalten, um den Bauern Sch., Pächter einer 22 Hektar großen Landwirtschaft, wegen Vergehens gegen das Gesetz zum Schutze des innerdeutschen Handels zu drei Jahren Gefängnis zu verurteilen.

Das Urteil des Kreisgerichts Zittau gibt folgende Sachverhaltsschilderung:

„In der Nacht vom 27. zum 28.12.1952 begab sich der Angeklagte mit seiner Ehefrau zum 1. Mal nach West-Berlin. Der Grund der Fahrt war eine Einladung zur Hochzeit eines Jugendfreundes. (...) Anlässlich der 1. Fahrt nach West-Berlin hat der Angeklagte ca. 7 Pfd. Gänsefedern in einem Pappkarton verpackt mitgenommen mit dem Ziel, sie zu seinem Freund zu bringen. Selbigem wollte er die Federn schenkungsweise überlassen. Zufolge der günstigen Zugverbindungen fuhr der Angeklagte mit seiner Ehefrau bis in die Westsektoren Berlins durch und hatte ursprünglich vor, von hier aus diese Federn nach der Hochzeit zu seinem Freund zu bringen. ›Da ich‹, so führte der Angeklagte aus, ›dringend Arbeitsstiefel benötigte und auch in West-Berlin in den Schaufenstern solche ausstehen sah, haben mich Bekannte, die ebenfalls an der Hochzeit teilnahmen, auf den Gedanken gebracht, die Federn in West-Berlin zu verkaufen.‹ Von dem Erlös der Federn wollte sich der Angeklagte Stiefel kaufen. Den Verkauf der Federn nahm sein Bekannter vor.“[36]

Das politische Gewicht des hier abgestraften Verbrechens hatte Staatsanwalt Unger mit – aus heuti-

Hilde Benjamin spricht vor der Volkskammer. Als Vizepräsidentin des Obersten Gerichts der DDR (1949 - 1953) war sie Vorsitzende in zahlreichen Schauprozessen und von 1953 bis 1967 Justizministerin der DDR

ger Sicht - unfreiwilliger Komik in der Anklageschrift herausgearbeitet:

„... der illegale Transport und der Verkauf der sieben Pfund Gänsefedern in West-Berlin ist als besonders verwerflich zu betrachten. Wie viele werktätige Menschen in der DDR und wie viele Neubürger gibt es, die aufgrund des Hitlerkrieges ihr Hab und Gut eingebüßt haben und sehr notwendig ein Federbett gebrauchen können. (...) Die Gänsefedern wurden den Kriegsverbrechern überlassen, die durch ihre unmilitärischen Luftangriffe des vorgenannten Krieges die Einbuße an unzähligen Federbetten der deutschen Menschen auf ihrem Gewissen haben. (...) Diesen Gangstern spielten die Beschuldigten den Rohstoff in die Hände, der in der DDR als besonderer Engpass gilt. Die Gänsefedern hätten in der DDR einem werktätigen Menschen dienen können, der aufgrund seiner Arbeit für den Weltfrieden eintritt. Jetzt aber dienen die Federn dazu, um einem amerikanischen Kriegstreiber das unerwünschte Dasein in Westdeutschland angenehmer zu gestalten.“[37]

Wenige Wochen nach dem Volksaufstand vom 17. Juni 1953 machte Hilde Benjamin, soeben zur neuen Justizministerin der DDR ernannt, den Richtern und Staatsanwälten diese Praxis zum Vorwurf:

„So führte zum Beispiel die überhöhte Festsetzung des Ablieferungssolls für Großbauern zu Strafverfahren, in denen, gestützt auf unsere Gesetze, die Großbauern wegen Nichterfüllung des Ablieferungssolls verurteilt wurden; durch die Anwendung der Einkommenssteueränderungsverordnung vom 5. März d.J. wurde die Nichtbezahlung von Steuerschulden in größerem Umfang bestraft. Diese Fehler (...) wurden von den Staatsanwälten und Richtern in der Überzeugung begangen, dadurch mit der Rechtsprechung dem beschleunigten Aufbau des Sozialismus zu dienen.“[38]

2.5 Strafrechtliche Reaktion auf den Volksaufstand vom 17. Juni

Zug demonstrierender Arbeiter am 17. Juni 1953 auf dem Weg zum Haus der Ministerien

Demonstrierende Arbeiter marschieren am 17. Juni 1953 von Ost-Berlin durch das Brandenburger Tor nach Westen

In den ersten Junitagen des Jahres 1953 bestellte das Politbüro der Kommunistischen Partei der Sowjetunion (KPdSU) führende Vertreter der SED nach Moskau. Hier erhielten sie Anweisung, umgehend den extrem harten Kurs beim Aufbau des Sozialismus in der DDR zu mildern und die Urteile der in den Haftanstalten Sitzenden überprüfen zu lassen mit dem Ziel von Massenentlassungen. Die sowjetische Besatzungsmacht hatte früher als ihre deutschen Genossen erkannt, wie explosiv sich die Stimmungslage in der DDR entwickelt hatte.

Am 9. Juni 1953 verkündete die SED der Bevölkerung ihren „neuen Kurs" und versprach, Haftstrafen zu überprüfen und Häftlinge zu entlassen. Doch bestand die SED-Führung weiterhin darauf, dass demnächst eine allgemeine Normerhöhung um zehn Prozent erfolgen sollte. In so genannten Normen waren für jeden Arbeitszweig Mindestleistungen festgelegt, die ein Arbeiter erfüllen musste, um seinen vollen Tariflohn zu erhalten. Eine zehnprozentige Normerhöhung bedeutete also eine Lohnkürzung um zehn Prozent, es sei denn, die Werktätigen leisteten für dasselbe Geld zehn Prozent mehr Arbeit.

Diese angekündigten Lohnkürzungen brachten das Fass zum Überlaufen, doch sie waren keinesfalls die einzige Ursache, die zum Volksaufstand führte.

In Brandenburg, Weimar, Güstrow und Berlin (Frauenhaftanstalt Barnimstraße) forderten Demonstranten bereits Tage vor dem 17. Juni vor den Haftanstalten, politische Häftlinge zu entlassen; Arbeiter aus privaten Betrieben verlangten die

Freilassung ihrer verhafteten Chefs. Die Härte der politischen Strafverfolgung vor dem 17. Juni und jene unzähligen Verhaftungen und Verurteilungen von Bauern und kleinen Gewerbetreibenden wurden selbst zu einer der Ursachen des Aufstandes. Am 16. Juni kam es in der Berliner Stalinallee zum Streik der Bauarbeiter und zu Demonstrationszügen durch Ost-Berlin, die für die ganze DDR zum Signal wurden. Am 17. Juni breitete sich die Streikwelle über die ganze DDR aus, in größeren und kleinen Orten, in den Städten wie auf dem Lande. Gefordert wurden die Rücknahme der Normerhöhungen, der Rücktritt der Regierung, freie Wahlen und, nahezu an jedem Ort, in dem es zu Streiks und Demonstrationen kam, die Freilassung aller politischen Häftlinge.

Was an den Vortagen noch scheiterte – die Befreiung von Häftlingen –, führte am 17. Juni in manchen Orten zum Erfolg. Nach einer internen Übersicht der Volkspolizei wurden an diesem Tag 13 Volkspolizei-Dienststellen, die Gebäude des Ministeriums für Staatssicherheit (MfS) in Niesky, Görlitz und Jena sowie zwölf Haftanstalten erfolgreich belagert oder gestürmt – so unter anderem in Halle, Magdeburg, Görlitz, Gommern und Jena. Insgesamt konnten 1.297 Personen befreit werden.[39] Bei weiteren sieben Haftanstalten waren die Befreiungsversuche vergeblich gewesen.

Noch während russische Panzer am 17. Juni den Aufstand niederwalzten, wurden in von sowjetischen Militärgerichten durchgeführten so genannten Standgerichtsverfahren innerhalb weniger Tage 18 Todesurteile ausgesprochen, die sofort vollstreckt wurden. In der regionalen Presse, im SED-Zentralorgan „Neues Deutschland" und mit Plakatanschlägen in den jeweiligen Orten wurden diese Urteile verkündet und ihre Vollstreckung gemeldet. Sie dienten der Abschreckung; ihre Opfer waren mehr oder weniger zufällig festgenommene Demonstranten.

Bis zum Abend des 22. Juni – so ist einem Bericht der Volkspolizei zu entnehmen – waren von DDR-„Organen" 6.057 Personen verhaftet worden; Verhaftungen durch die Besatzungsmacht kamen hinzu.

Doch andererseits hatte „Neues Deutschland" am 20., also unmittelbar nach dem 17. Juni verkündet, dass die mit dem „Neuen Kurs" vor dem 17. Juni angemeldete neue justizpolitische Linie der „Beseitigung vorliegender Härten" bei zuvor ausgesprochenen Strafurteilen weiterverfolgt würde und Gerichte sowie Staatsanwälte angewiesen seien, Urteile mit dem Ziel der Entlassung Verurteilter zu überprüfen. Zudem würden Strafverfahren wegen Nichterfül-

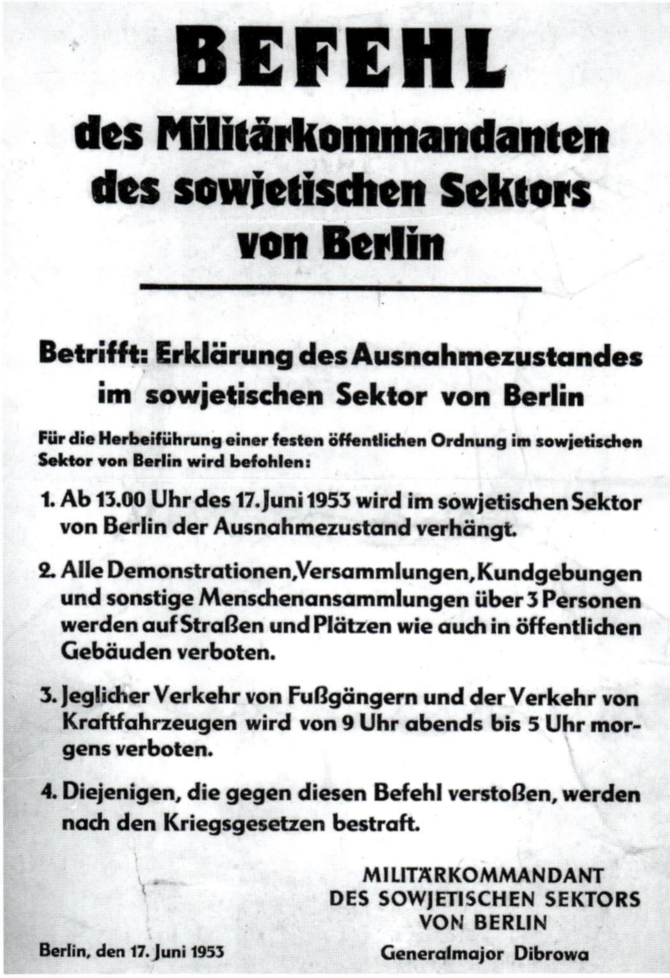

BEFEHL

des Militärkommandanten des sowjetischen Sektors von Berlin

Betrifft: Erklärung des Ausnahmezustandes im sowjetischen Sektor von Berlin

Für die Herbeiführung einer festen öffentlichen Ordnung im sowjetischen Sektor von Berlin wird befohlen:

1. Ab 13.00 Uhr des 17. Juni 1953 wird im sowjetischen Sektor von Berlin der Ausnahmezustand verhängt.
2. Alle Demonstrationen, Versammlungen, Kundgebungen und sonstige Menschenansammlungen über 3 Personen werden auf Straßen und Plätzen wie auch in öffentlichen Gebäuden verboten.
3. Jeglicher Verkehr von Fußgängern und der Verkehr von Kraftfahrzeugen wird von 9 Uhr abends bis 5 Uhr morgens verboten.
4. Diejenigen, die gegen diesen Befehl verstoßen, werden nach den Kriegsgesetzen bestraft.

MILITÄRKOMMANDANT DES SOWJETISCHEN SEKTORS VON BERLIN

Berlin, den 17. Juni 1953

Generalmajor Dibrowa

Bekanntmachung

des Militärkommandanten des sowjetischen Sektors von Berlin

Berlin, 18. Juni 1953

Hiermit wird bekanntgegeben, daß

Willy Göttling,

Bewohner von Westberlin,

der im Auftrage eines ausländischen Aufklärungsdienstes handelte und einer der aktiven Organisatoren der Provokationen und der Unruhen im sowjetischen Sektor von Berlin war und an den gegen die Machtorgane und die Bevölkerung gerichteten banditenhaften Ausschreitungen teilgenommen hat,

zum Tode durch Erschießen

verurteilt wurde.

Das Urteil wurde vollstreckt.

Dibrowa

Militärkommandant des sowjetischen Sektors von Berlin

Wer kennt diese Frau?

Zeugen aus den Konzentrationslagern werden gesucht

Dorn, Erna (Brüser, Erna)

Dorn, Erna, geb. Kaminski, geb. 17. 7. 1911 in Tilsit. Die Dorn lebte nach 1945 auch unter dem Namen Brüser, Erna, geb. Scheffler, in Halle. Sie war im KZ Ravensbrück und im KZ Zwotka, CSR, bei der Lagerpolizei und hat Häftlinge geschlagen. Sie ist die ehemalige Ehefrau des SS-Unterscharführers Erich Dorn, geb. 4. 4. 1908, welcher ebenfalls zu dem Bewachungspersonal des KZ Ravensbrück gehörte. (s. Bild 4/52)

Aufruf der VVN „Wer kennt diese Frau?“

Rechtfertigung des Todesurteils im Fall Erna Dorn/Rabestein in „Neues Deutschland“ vom 26. Juni 1953 (rechte Seite)

lung des Ablieferungssolls gegen Bauern eingestellt und Strafverfahren wegen rückständiger Steuerabgaben aus den Jahren 1951 nicht mehr betrieben. Die Partei hielt dieses Versprechen.

Nach Überwindung einiger interner Widersprüche wurden bis zum Abschluss der Überprüfung Ende Oktober 1953 nahezu 24.000 Personen vorzeitig aus der Haft entlassen.

So wurden einerseits die Gefängnisse von „alten“ Häftlingen geleert, aber zugleich mit den in Zusammenhang mit dem 17. Juni Verhafteten erneut gefüllt.

Unmittelbar nach dem 17. Juni gab die SED-Führung die Parole aus, dass der Aufstand ein faschistischer Putschversuch gewesen sei, angezettelt und angeleitet durch feindliche Kräfte aus der Bundesrepublik, die von langer Hand diesen „Tag X“ vorbereitet hätten. Die Mitarbeiter des Ministeriums für Staatssicherheit (MfS) und die Justiz sollten den Nachweis bringen, und so erhielt das MfS die Anweisung, entsprechende Beweise „selbst unter Bruch der Konspiration“ zu veröffentlichen, was sich jedoch außerordentlich schwierig gestaltete.

Der Fall Erna Dorn

Dem propagandistischen Nachweis faschistischer Rädelsführerschaft diente das Todesurteil gegen eine Frau aus Halle, die unter dem Begriff „die faschistische Kommandeuse Erna Dorn alias Rabestein“ zur negativen Heldin der antifaschistischen Geschichtsmythologie der DDR wurde.[40] Das Urteil wurde am 22. Juni 1953 vom Bezirksgericht Halle verkündet. Dies ist eine Geschichte von ganz besonderer Perfidität, die hier nur in aller Kürze darzustellen ist:

Jene Frau tauchte im Dezember 1945 in Halle mit einem Entlassungsschein aus dem KZ Lobowitz auf, heiratete einen Altkommunisten und betrieb ihre Anerkennung als Opfer des Faschismus. 1950 wurde sie wegen Kleinkriminalität zu einer Haft verurteilt, aber bald infolge eines Gnadenerlasses entlassen. Es folgten neue kleine Straftaten und eine erneute Verhaftung. Nun meldete sie sich aus eigenen Stücken beim Staatsanwalt und sagte aus, dass sie bisher einen falschen Namen angegeben hätte, um ihre Tätigkeit für die Gestapo zu verschweigen. Zugleich sprach sie von westlichen Agentenringen, für die sie arbeiten würde. VP, MfS und der Ermittlungsausschuss der VVN begannen alles nur Mögliche, um die Selbstbeschuldigungen zu überprüfen. Nachdem diese Frau erklärte, dass sie im KZ Ravensbrück in der politischen Abteilung tätig gewesen sei, wurde sie überlebenden politischen Häftlingen aus Ravensbrück gegenübergestellt, ihr Foto an weitere Überlebende verschickt und im VVN-Ermittlungsdienst publiziert. Doch niemand kannte diese Frau, niemand hatte je den Namen gehört.

Gleichwohl wurde sie als angebliche KZ-Wärterin ausschließlich aufgrund der Selbstbeschuldigungen im Mai 1953 vom BG Halle wegen „Verbrechen gegen die Menschlichkeit“ zu 15 Jahren Zuchthaus verurteilt. Beim Sturm auf das Gefängnis in Halle wurde sie am 17. Juni mitbefreit. Ihr „todeswürdiges“ Verbrechen am 17. Juni 1953 schildert ein Bericht für Benjamins „Operativstab“:

„Sachverhalt des gegenwärtigen Prozesses: Aus dem Gefängnis befreit, begab sie sich zu einem ihr bekannt gemachten Zufluchtsort (christliches Heim mit Oberschwestern). Dort hat sie sich umgezogen und ist zum Hallmarkt gegangen. Auf dem Wege hat sie VP-Angehörige beschimpft, die Menge aufgehetzt, VP-Angehörige anzugreifen. Auf dem Hallmarkt war ein Auflauf, hier hetzte sie zum Sturz der Regierung. Auf dem Rückweg hetzte sie in derselben Form die Menge auf. Sie hat sich als Anführerin betätigt."[41]

Bereits am 18. Juni wieder festgenommen, wurde sie am 22. Juni unter Ausschluss der Öffentlichkeit vom Bezirksgericht Halle zum Tode verurteilt, erneut ohne eine einzige zeugenschaftliche Aussage zu ihrer angeblichen Rolle am 17. Juni.

Drei Tage, bevor das Oberste Gericht der DDR am 28. Juni das Todesurteil bestätigte, holte sich Benjamin vom ZK-Apparat die Genehmigung, verbunden mit der Mitteilung, dass sie Bedenken habe, die Dorn-Akten „der Presse zur Einsicht zu geben".[42] Wie bei Todesurteilen seit 1950 gängige Praxis, bestätigte das Politbüro in seiner Sitzung am 8. September 1953 die Vollstreckung des Urteils – eines von 11 Todesurteilen, über das an diesem Tage entschieden wurde. Nur das Urteil gegen Erna Dorn stand im Zusammenhang mit dem 17. Juni.[43] Seit dem 20. Juni wurde in der DDR-Presse die „KZ-Kommandeuse Erna Dorn alias Rabestein" als faschistische Rädelsführerin des Putsches in Halle präsentiert, wobei man ihr nun die Biographie einer Frau unterschob, die bereits 1948 vom Landgericht Halle als Hundeführerin im KZ Ravensbrück zu lebenslanger Haft verurteilt worden war – nämlich eine Frau Rabestein. Frau Rabestein saß zu diesem Zeitpunkt im Zuchthaus Waldheim ein und starb 1974 in der Frauenhaftanstalt Hoheneck. Im SED-Zentralorgan „Neues Deutschland" forderten nun Überlebende des KZ Ravensbrück für Erna Dorn alias Rabestein die längst zwischen Benjamin und dem ZK-Apparat abgesprochene Todesstrafe.

Auch nach dem Todesurteil versuchte das MfS noch geraume Zeit herauszubekommen, wer da eigentlich zum Tode verurteilt worden war, doch vergeblich. Es ließen sich keine Dokumente und Zeugen auffinden, die etwas zur Identität dieser Frau vor ihrem Erscheinen in Halle, Dezember 1945, beweiskräftig aussagen konnten. Sie wurde am 1. Oktober 1953 in Dresden durch das Fallbeil hingerichtet.

Stephan Hermlin schrieb darauf seine antifaschistische Novelle „Die Kommandeuse"; in den Geschichtsbüchern vor und nach der Wende wie in den Köpfen vieler ehemaliger DDR-Bürger lebt die Legende von der „KZ-Kommandeuse Dorn alias Rabestein", die in Halle den „faschistischen Putsch vom 17. Juni" anführte, bis in die Gegenwart weiter.

Bis heute ist unklar, wer diese Frau wirklich war. Obwohl angeblich NSDAP-Mitglied und Angehörige der politischen Abteilung des KZ Ravensbrück, haben sich weder zu ihr noch zu ihrem angeblichen

Erna Dorn alias Rabestein

Das Gesicht der SS-Bestie, die in Halle ihre Verbrechen fortsetzen wollte

Über die ehemalige SS-Kommandeuse des Frauen-KZ Ravensbrück, Erna Dorn, die vom Bezirksgericht Halle wegen aktiver Teilnahme an den faschistischen Provokationen des 17. Juni zum Tode verurteilt wurde, berichten ehemalige Häftlinge nazistischer Konzentrationslager:

„Das Rabenaas"

Erna Dorn ist allen ehemaligen Häftlingen unter dem Namen Gertrud Rabestein (Spitzname „das Rabenaas") bekannt. Sie gehörte seit 1. Mai 1933 der NSDAP an und war, bevor sie ihre verbrecherische Tätigkeit in Ravensbrück ausübte, Aufseherin in dem Konzentrationslager Lichtenburg. Ihre erste „Bewährungsprobe" legte sie ab in der Abrichtung von Bluthunden und avancierte dann zur Aufseherin und Kommandoführerin der Strafkompanie. Frau Mahnke, die bis 1945 in Ravensbrück war und davon allein vier Jahre im Strafblock zubrachte, wurde, weil sie sich immer wieder gegen die Methoden der Vernichtung auflehnte, allein fünfmal über den Bock gespannt und jedesmal mit 25 Stockhieben geprügelt.

Gertrud Rabestein hatte im Lager zwölf Hunde darauf abgerichtet, sich auf Häftlinge zu stürzen und diese zu zerfleischen. Ein Schrecken für alle Insassen des Strafblocks war die Strecke von den Lastkähnen bis zur Baustelle der SS-Siedlung, auf der die weiblichen Häftlinge Ziegelsteine ausladen und tragen mußten. Diese Straße hieß die Blutstraße. Ließ eine Frau einen Ziegelstein fallen oder brach vor Entkräftung zusammen, dann fielen die Hunde der Aufseherin Rabestein über sie her. Das menschliche Wrack wurde bis auf die Knochen zerbissen und anschließend meistens zum „Aufräumen" in eine Ecke kommandiert und dort mit Ochsenziemern und Hundepeitschen von der Aufseherin besinnungslos geschlagen.

Bluthunde auf Menschen

Als eine Frau aus dem Lager flüchtete, ließ Erna Dorn alle Gefangenen drei Tage und drei Nächte vor der Baracke stehen. Die betreffende Gefangene wurde nach ihrer Festnahme buchstäblich den Bluthunden als Fraß vorgeworfen, wobei sich Erna Dorn besonders viehisch benahm.

Die österreichische Journalistin Benisch aus Wien wurde von Erna Dorn gezwungen, sich hinzustellen und die Arme auszustrecken. Dann hetzte die Dorn ihre Hunde auf die Journalistin und ließ die ausgestreckten Arme von diesen zerfleischen.

Zahlreiche Häftlinge wurden infolge der fortgesetzten Mißhandlungen und des Hungers irrsinnig. Erna Dorn veranlaßte dann ihre Ermordung auf verschiedene Art und Weise.

Dorn — Mörderin der Patriotin Sabo Ewert

Der Strafblock war im ganzen Lager als ein Block des Grauens, des Schreckens und unbeschreiblicher Mißhandlungen bekannt. Der Block hatte die höchste Todesziffer im Lager.

Mit besonders wilder Brutalität hat Erna Dorn die Patriotin Sabo Ewert mißhandelt. Sabo Ewert kam in den Strafblock, weil sie Mitglied der Leitung der Antifaschisten im Lager war. Vollkommen erschöpft brach Sabo Ewert fast täglich bei der Arbeit zusammen. Mit Fußtritten und Hundebissen ließ die SS-Bestie Rabestein sie zur „Besinnung" bringen, bis Sabo Ewert den schweren Mißhandlungen erlag.

★

Das ist das Gesicht der SS-Bestie Dorn, die faschistische Provokateure am 17. Juni in Halle aus dem Gefängnis „befreiten", sie in ihren „Führungsstab" aufnahmen und die auf dem Hallmarkt die Provokateure zu weiteren Gewalttätigkeiten aufrief.

So wie dieser Abschaum der Menschheit bereits in Ravensbrück gehaust hat, sollte in ganz Deutschland wieder die faschistische Diktatur errichtet werden. Das war das Ziel des zerschlagenen Putschversuches.

Wie konnten Werktätige darauf hereinfallen!

Zu der gerechten Verurteilung der Dorn zum Tode schreibt uns der Volkskorrespondent Ernst Lübbe aus Schwerin:

„Die Veröffentlichung im ‚Neuen Deutschland' über die SS-Kommandeuse Erna Dorn dürfte jedem von uns den letzten Zweifel darüber genommen haben, was man beabsichtigte. Ich habe diesen Artikel nicht nur einmal, sondern mehrmals gelesen, weil das, was hier geschrieben war, mir unfaßbar erschien. Daß auf dem Hallmarkt in Halle werktätige Menschen sich die Hetzreden der Dorn anhörten, kann ich mir nur so erklären, daß sie selbst nicht wußten, wer eigentlich zu ihnen sprach. Ich habe mit vielen Kollegen über diesen Fall gesprochen, und man war übereinstimmend der Meinung, daß das vom Bezirksgericht Halle am 22. Juni 1953 ausgesprochene Todesurteil richtig ist."

Unser Volkskorrespondent Walter Mai aus Schwerin schreibt, daß der Prozeß gegen die Dorn erneut bewiesen hat, wie lange von den westlichen Monopolkapitalisten der „Tag X" vorbereitet war.

Jetzt verstärkt auf Friedenswacht stehen!

„Als ich heute den Artikel über die Dorn las, da wurde mir klar, welche Gefahr vor unserer Deutschen Demokratischen Republik und unserem Volk stand und noch besteht. Diese Demonstrationen am 17. Juni waren keine Demonstrationen, sondern eine gemachte Provokation des Imperialismus", schreibt uns der Volkskorrespondent Siegfried Krull aus Schwerin. „Deshalb erkenne ich das Todesurteil des Gerichts über Erna Dorn voll an. Solche Elemente sind unsere Feinde, und diese muß man vernichten. Deshalb bin ich auch dafür, daß wir verstärkt auf der Wacht des Friedens stehen und das allseitige Vertrauen zur Regierung und Partei wiederherstellen und festigen."

26. Juni 1953 / NEUES DEUTSCHLAND / Nr. 147, Seite 5 B

Ehemann, der bei der SS gewesen sein soll, oder zu ihrem angeblichen Vater, der in leitender Stelle bei der Gestapo in Königsberg gewesen sein soll, in einschlägigen Archiven wie dem Berliner Document-Center Hinweise finden lassen. Auch taucht eine Erna Dorn nicht in jener Liste der Mitarbeiter der politischen Abteilung des KZ Ravensbrück auf, die die 1945 von den Amerikanern verhaftete Oberaufseherin in Ravensbrück, Johanna Langefeld, anlässlich ihrer Vernehmungen durch die Amerikaner am 31. Dezember 1945 fertigte. Diese Liste befindet sich heute im amerikanischen Nationalarchiv in Washington, D.C.[44] Alle Indizien sprechen dafür, dass am 1. Oktober 1953 eine Frau hingerichtet wurde, die in geistiger Verwirrung sich seit 1951 in selbstzerstörerischer Art und Weise um Kopf und Kragen geredet hatte und nach dem 17. Juni ihr Leben lassen musste, weil die SED aus Gründen der Abschreckung und der Propaganda Todesurteile brauchte.

Erna Dorn – oder wie auch immer sie hieß – wurde zum zentralen Beweismittel für die Propagandathese der SED, dass der 17. Juni ein Putschversuch gewesen sei, angezettelt und geleitet von Faschisten und Agenten aus dem Westen.

Protestierende Bauarbeiter aus Strausberg

Für die Masse der Urteile, die nach dem 17. Juni gegen Beteiligte am Aufstand gefällt wurden, ist eine Bemerkung von Heinz Grünhagen typisch, die er am 14. Mai 1993 vor der „Enquetekommission" über seine Beteiligung am 17. Juni und über die folgende Verurteilung und Verhaftung machte:

„Wir wurden erst mal zu dem erzogen, was wir laut Urteil sein sollten, zu Antikommunisten." Mit diesen Worten kommentierte später Heinz Grünhagen, Jahrgang 1933, seine Verurteilung durch das Bezirksgericht Frankfurt/Oder. Zusammen mit fünf weiteren Kollegen von der „Bauunion Spree" in Strausberg bei Berlin wurde er am 26. Juni 1953 Opfer eines Schauprozesses.[45] Am 17. Juni hatten die Bauarbeiter bei einer Belegschaftsversammlung 14 Forderungen aufgestellt, zum Beispiel:

- Solidaritätsstreik mit den Kollegen von der Stalinallee,
- Sturz der DDR-Regierung,
- Weg mit der Kasernierten Volkspolizei,
- Freilassung sämtlicher Kriegsgefangenen und politischen Häftlinge.

Grünhagen wurde in die Streikleitung gewählt. Ein Versuch der Arbeiter, nach Berlin zu fahren, um ihre Forderungen den dortigen Kollegen mitzuteilen, scheiterte an Warnschüssen, die Volkspolizisten und sowjetische Soldaten an einem Kontrollpunkt in Berlin-Hoppegarten abgaben. Am 18. Juni wurde der 20jährige Grünhagen, der wenige Monate zuvor geheiratet hatte, verhaftet. Bis zum Beginn der Verhandlung am 25. Juni folgten nächtelange Verhöre und Misshandlungen. Das Gericht warf den Bauarbeitern vor: „Die Beschuldigten haben gemeinschaftlich handelnd durch provokatorische Losungen die Arbeiter aufgewiegelt, die Lügennachrichten des RIAS verbreitet, Transparente heruntergerissen und andere zur Arbeitsniederlegung mit provokatorischen Forderungen gezwungen sowie versucht, Gefangene aus einer Gefangenenanstalt in Rüdersdorf zu befreien. Verbrechen gemäß Artikel 6 der Verfassung der DDR."

Das Gericht sprach Strafen zwischen neun Monaten Gefängnis und acht Jahren Zuchthaus aus. Heinz Grünhagen erhielt fünf Jahre Zuchthaus. Seine nach der Festnahme geborene Tochter sah er erst nach der Haftentlassung am 3. Januar 1957. Er wurde im Wege der Kassation am 27. März 1991 vom Bezirksgericht Potsdam rehabilitiert.

Heinz Grünhagen und Frau bei ihrer Hochzeit im Januar 1953

Prozesse gegen Beschäftigte des Funkwerkes Berlin-Köpenick

Zu den Berliner Betrieben, deren Belegschaft sich am 17. Juni spontan den Bauarbeitern aus der Stalinallee anschloss, zählte das Funkwerk Köpenick. Hier waren es leitende Mitarbeiter, die für ihre Beteiligung an den Demonstrationszügen zu langjährigen Haftstrafen verurteilt wurden – sowohl von DDR- wie von sowjetischen Militärgerichten.

Der Entwicklungsingenieur im Funkwerk Köpenick, Siegfried Berger, Jahrgang 1918, dessen Vater in der Zeit der Nazidiktatur den kommunistischen Widerstand unterstützt hatte und nach 1945 SED-Funktionär wurde, war bereits 1946 zur Politik der Partei seines Vaters in Widerspruch getreten. Seit 1948 war er heimlich Mitglied der SPD in West-Berlin und hielt Verbindungen zum Ost-Büro seiner Partei.

Er selbst schildert seine Rolle am 17. Juni und die folgende Verurteilung mit den Worten:

Siegfried Berger über den 17. Juni

„Am 1. Mai 1953 sollte mir der Titel ›Verdienter Erfinder‹ verliehen werden, in der Gewerkschaftszeitung ›Tribüne‹ war schon die Ankündigung mit Foto veröffentlicht. Es kam nicht dazu, denn die SED-Betriebsgruppe hat Einspruch wegen meiner sozialdemokratischen Einstellung und Äußerungen erhoben.

Am 17. Juni morgens im Betrieb forderten Mitarbeiter und Kollegen mich auf, eine Betriebsversammlung für einen Streik und Demonstration zu leiten. Da ich im Funkwerk für meine politische Einstellung bekannt war, glaubte ich, dieses nicht ablehnen zu dürfen. Ich bat aber zwei meiner Mitarbeiter, sofort in meine Wohnung zu gehen, um Verschiedenes zu vernichten, denn ich war der Überzeugung, dass dieser Streik niedergeschlagen werden wird und ich mich in Gefahr begebe.

Ich leitete die Betriebsversammlung und ließ abstimmen, wer für Streik und Demonstration ist. Von den circa 2000 Versammelten auf dem Werkshof stimmten etwa 17-20 Personen gegen Streik und Demonstration. Daraufhin übernahm ich die Führung des Demonstrationszuges und forderte alle Teilnehmer auf, den Anweisungen unserer Kollegen, die den Ordnungsdienst übernahmen, Folge zu leisten und keinerlei Ausschreitungen oder Beschädigungen irgendwelcher Art zuzulassen. Vor Beginn des Marsches zu den Ministerien hatte ich folgende drei Forderungen und Ziele unseres Streiks aufgestellt und volle Zustimmung erhalten:

1. Rücktritt der Regierung,
2. freie und geheime Wahlen,
3. die Wiedervereinigung.

Der Zug von mehr als 2000 Teilnehmern verlief ruhig und diszipliniert. Allerdings wurde er immer länger, denn weitere Einzelpersonen und Gruppen schlossen sich an. Um den Weg abzukürzen, passierten wir in der Nähe des Schlesischen Tores für wenige Schritte den Westsektor, um ihn an der Oberbaumbrücke wieder zu verlassen, aber vorher holten wir noch den Ost-CDU-Vorsitzenden und stellvertretenden DDR-Ministerpräsidenten Otto Nuschke aus seiner Limousine und übergaben ihn der West-Berliner Polizei. Dann bewegte sich unser Zug auf der Warschauer Straße weiter in Richtung S-Bahnhof. Hier kam uns eine größere

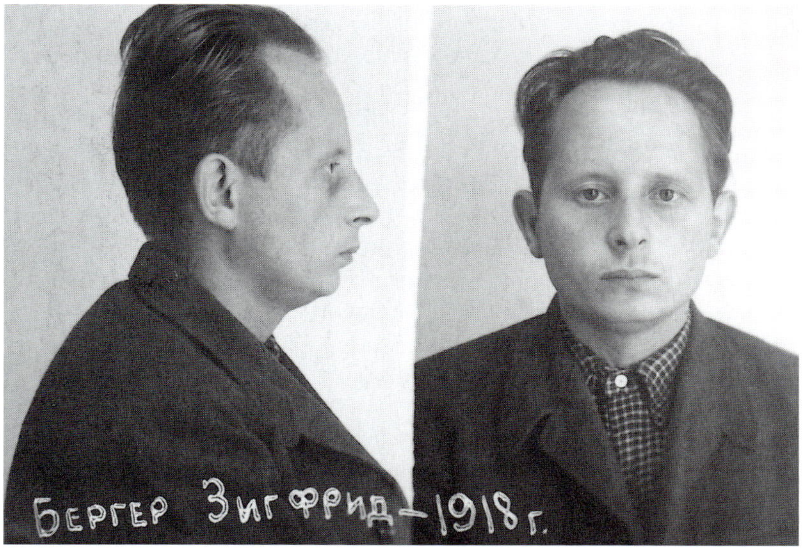

Siegfried Berger nach seiner Verhaftung, fotografiert vom sowjetischen Geheimdienst. Die kyrillischen Buchstaben bedeuten Berger, Siegfried, mit dem Geburtsjahr

Zahl von Vopos, mit ihren Gewehren im Anschlag, entgegen. Wir in der ersten Reihe hakten uns gegenseitig ein und versuchten, den Zug zu stoppen. Was natürlich sehr schwer gelang. Als die Polizisten uns ihre Gewehrläufe auf die Brust drückten und riefen: ›Zurück oder wir schießen‹, kam der Zug langsam zum Halten. Ich erklärte den Vopos, dass wir Arbeiter aus Köpenick wären, aber sie sagten, wenn wir nicht zurückgehen, haben sie Befehl zu schießen. Langsam bewegte sich die Masse hinter uns zurück. Als die Entfernung zur Polizistenkette etwa gut 50 m betrug, schossen sie doch noch. Wir hatten etwa drei bis fünf Verletzte, die wir aber alle mit in den Westsektor nehmen konnten. Dies war das Ende unseres über fünf Stunden dauernden Protestmarsches.

Wir verteilten uns und erfuhren erst hier, dass seit 13.00 Uhr im Ostsektor der Ausnahmezustand von den Sowjets ausgerufen worden war. Bevor ich auch nach Hause ging, informierte ich das Ostbüro über die Ereignisse dieses Tages. Man wollte, dass ich in West-Berlin bleibe, aber ich ging zu meiner Familie zurück. Auf Schleichwegen und über Hinterhöfe gelangte ich nach Hause.

Zwei Tage später, am Morgen des 20. Juni 1953 gegen 4.30 Uhr, klingelte es an der Wohnungstür und ich wurde – wie von mir erwartet – verhaftet. Man brachte mich in das Polizeigefängnis von Berlin-Friedrichshagen. Nach mehreren Verhören durch

Stasi-Offiziere, in denen sie mir kein schuldhaftes Vergehen nachweisen konnten und ich mich auf die seit 1949 bestehende Verfassung und Gesetze berief, übergaben sie mich dem Sowjetischen Geheimdienst. Dies war ein eindeutiger Verfassungsbruch. Die Sowjets brachten mich in das Untersuchungsgefängnis von Karlshorst.

Nach monatelanger Einzelhaft und täglichen, nächtlichen Verhören bis in die frühen Morgenstunden sowie mehrmaligem Wechsel der Vernehmungsoffiziere fanden die zweitägigen Verhandlungen vor einem Sowjetischen Militärtribunal im Oktober 1953 statt. Das Urteil lautete: Sieben Jahre Zwangsarbeit und Einzug des Vermögens, gemäß den Anklagepunkten: Widerstand gegen die Staatsgewalt, Aufforderung zum Sturz der Regierung und wegen Gruppenbildung. Ich lehnte es ab, das Urteil anzuerkennen und habe es nicht unterschrieben.“[46]

Im Mai 1954 kam Berger in das russische Arbeitslager Workuta. Ende September 1955 begnadigt, wurde er am 16. Oktober 1955 in den Westsektor von Berlin entlassen.

Am 4. Januar 1996 rehabilitierte ihn der Generalstaatsanwalt der Russischen Föderation.

Bilanz der Strafverfahren nach dem 17. Juni

Für die Politbürositzung am 13. April 1954 legten Justizministerin Benjamin und Generalstaatsanwalt Melsheimer eine Bilanz der bisher erfolgten Verurteilungen vor mit Stand Ende Januar 1954. Sie zeigt, dass kaum mehr als ein Viertel von insgesamt 5.583 staatsanwaltschaftlichen Ermittlungsverfahren wegen des Vorwurfs der Beteiligung am Volksaufstand mit einer Verurteilung endete. Für die bisherige DDR-Justizpraxis war dies eine außergewöhnlich geringe Verurteilungsquote bei politischen Ermittlungsverfahren. In dieser Bilanz heißt es unter anderem:

„Von den 1.526 Angeklagten, die verurteilt wurden, erhielten
2 Angeklagte die Todesstrafe,
3 Angeklagte lebenslänglich Zuchthaus,
13 Angeklagte Strafen von 10 – 15 Jahren,
99 Angeklagte Strafen von 5 – 10 Jahren,
824 Angeklagte Strafen von 1 – 5 Jahren und
546 Angeklagte Strafen bis zu einem Jahr.
(...)“[47]

Zwar wurden noch bis in den Sommer 1954 hinein Urteile im Zusammenhang mit dem 17. Juni gefällt – doch waren es nicht mehr allzu viele Prozesse, so dass sie das in der zuvor zitierten Statistik ausgedrückte

Junge Demonstranten am Potsdamer Platz werfen Steine auf sowjetische Panzer

Von Demonstranten in Brand gestecktes Konsum-Kaufhaus am Potsdamer Platz

Ausmaß der strafrechtlichen Antwort auf den Volksaufstand nicht mehr wesentlich verändert haben dürften. An einige dieser Prozesse sei hier noch erinnert.

So verurteilte das Berliner Stadtgericht am 26. Mai 1954 die Bauarbeiter von der Stalinallee Karl Foth, Max Fettling, Otto Lemke und Berthold Stanicke, deren Demonstrationszug vom 16. Juni zum Zeichen für den Aufstand geworden war, zu hohen Zuchthausstrafen.

Am 14. Juni 1954 sprach das Oberste Gericht nach einem mehrtägigen Schauprozess gegen die so genannten Rädelsführer des 17. Juni Zuchthausstrafen bis zu 15 Jahren aus. Die Verurteilten waren aus West-Berlin entführt worden.

Gemessen an der Justizpraxis vor dem 17. Juni 1953 und jener neuen Härte, die die Justiz ab Sommer 1954 zeigte, war für DDR-Verhältnisse die strafpolitische Antwort auf den Volksaufstand sehr zurückhaltend. Über Monate hatten die Spitzel des MfS und SED-Genossen, die über die Gespräche der Beschäftigten in den Betrieben Meldung erstatteten, darüber berichtet, dass die Kollegen gedroht hatten, neue Streiks zu beginnen, wenn ihre Freunde und Kollegen verurteilt würden.

Am 10. Juli 1953 informierte das Ministerium für Staatssicherheit (MfS): „In Gera wurde eine Unterschriftensammlung (1.460 Unterschriften) vorgelegt, mit der Forderung, dass der Verurteilte Norkus am 10.7.1953 freizulassen sei. (...) Jede Diskussionsrede enthält einen Angriff auf die Staatsanwaltschaft. Man bezog (sich) auf die Rechtssicherheit, auf Haftbefehle, auf Verhaftungen bei Nacht, auf die Durchführung von Hauptverhandlungen ohne Benachrichtigung der Angehörigen und forderte die Freilassung einiger Gefangener.“

Und selbst zu einem Zeitpunkt, zu dem die Partei sich wieder fest im Sattel sah, am 20. August, erreichte Benjamins Operativstab eine Meldung wie die folgende:

„Aus Potsdam wird von der Genossin Neugebauer telefonisch mitgeteilt: Gestern, am 20. August, ist dort (in Potsdam – FW) eine Strafsache gegen einen Angehörigen der Stahl- und Walzwerke Kirchmöser verhandelt worden, der zu vier Jahren Zuchthaus verurteilt wurde. Näherer Sachverhalt ist noch nicht bekannt. An der Verhandlung nahm eine Delegation aus dem Betrieb teil. In der Verhandlungspause sind Äusserungen bekannt geworden, dahingehend, dass im Falle einer Verurteilung heute der Betrieb stehen würde. Die Genossin Naumann hat sofort Partei und Staatssicherheit informiert.“[48]

Demonstrierende Arbeiter beim Überschreiten der Sektorengrenze in Berlin am 17. Juni 1953

Gerade weil die DDR-Führung begriffen hatte, dass der Volksaufstand nicht nur eine Reaktion auf die kurz zuvor diktierten Normerhöhungen war, sondern gleichermaßen eine Antwort auf die seit der II. Parteikonferenz nochmals radikal verschärfte politische Repression und Strafpolitik, hatte das ZK der SED auf seinem 14. Plenum am 21. Juni 1953 den Justizfunktionären als allgemeine strafpolitische Linie aufgetragen, „mit größter Sorgfalt zu unterscheiden zwischen den ehrlichen, um ihre Interessen besorgten Werktätigen, die zeitweise den Provokateuren Gehör schenkten, und den Provokateuren selber."[49] Daran hielten sich die Staatsanwälte und Richter im Regelfall in den Monaten nach dem 17. Juni - dabei tagtäglich vom Parteiapparat angeleitet, kontrolliert und überwacht.

Wenige Monate später, ab Mitte 1954, begann eine erneute Verschärfung der Strafpolitik. Die Partei fühlte sich wieder sicher im Besitz der Macht.

Auch wenn die DDR immer leugnete, überhaupt politische Häftlinge in den Strafvollzugsanstalten zu haben, wollte man doch intern wissen, wie viele Bürger jährlich aus politischen Gründen in Haft waren. (Angaben für die Jahre 1953 bis Ende 1961 finden sich im Anhang auf S. 101.) Obwohl als Folge des von der Sowjetunion angewiesenen „Neuen Kurses" zwischen Juni und Oktober 1953 nahezu 25.000 Häftlinge vorzeitig entlassen worden waren, lag die Zahl politischer Häftlinge Ende 1953 noch immer über 12.500. Auch nach der Entlassung von ungefähr 3.000 weiteren Häftlingen, die als von Sowjetischen Militärtribunalen Verurteilte in DDR-Haft saßen und im Rahmen einer Gnadenaktion der Sowjetunion im ersten Quartal 1954 vorzeitig frei kamen, war die Zahl der Ende des ersten Quartals 1954 einsitzenden politischen Häftlinge nur um etwa 900 Gefangene niedriger. Es müssen also in diesem Vierteljahr rund 2.000 aus politischen Gründen neu Verurteilte hinzugekommen sein.

Einen grausamen Höhepunkt der sich erneut radikalisierenden politischen Justiz bildete das Jahr 1955. Es wurden mindestens 30 Todesurteile ausgesprochen, von denen mindestens 23 vollstreckt wurden. In 15 Fällen waren Todesurteile wegen Staatsverbrechen verkündet worden, in vier Fällen wegen des Vorwurfs von Verbrechen in der NS-Zeit; weitere zwölf Todesurteile betrafen Delikte der allgemeinen Kriminalität, meist Tötungsdelikte.

Das letzte Todesurteil der DDR-Justiz wurde übrigens 1981 gegen einen Mitarbeiter des MfS, der seine Flucht in die Bundesrepublik vorbereitet hatte, verkündet und vollstreckt. 1987 strich man die

Todesstrafe aus dem Strafgesetzbuch der DDR. Der starke Rückgang der Häftlingszahlen seit dem zweiten Quartal 1956 findet seine Erklärung im XX. Parteitag der KPdSU. Dieser fand im Februar 1956 in Moskau statt, der sowjetische Parteichef Nikita Chruschtschow hielt seine berühmte Geheimrede über die Verbrechen Stalins und leitete damit im gesamten Ostblock eine kurze „Tauwetter"-Phase ein. Die wenige Wochen später einberufene 3. Parteikonferenz der SED (24.–30. März) befasste sich zwar im öffentlichen Teil nicht mit der Entstalinisierung. Doch hinter verschlossenen Türen wurde den Delegierten die Rede Chruschtschows zur Kenntnis gebracht; später wurden in den Bezirken Funktionärsversammlungen über diese Rede abgehalten. Die Entstalinisierung der DDR schien möglich. In der Folge ordnete die SED die vorzeitige Entlassung von mehr als 26.000 Häftlingen an; Ulbricht kritisierte öffentlich die bisherigen Praktiken des MfS und die Höhe der verhängten Strafen. In diesen Tauwettermonaten formulierten nicht namentlich feststellbare Mitarbeiter der ZK-Abteilung Staat und Recht „Probleme und Thesen" zur Reform der DDR-Justiz, in denen es unter anderem hieß: „Weg mit den allgemeinen politischen Ausführungen in Anklageschriften, Plädoyers und Urteilen" und „Keine 3-Minuten-Plädoyers und -Verteidigerreden bei 8 Jahren Zuchthaus".[50]

Die ersten sowjetischen Panzer fahren am Potsdamer Platz auf

Doch als es im Oktober 1956 in Polen zu politischen Unruhen kam und im November 1956 sowjetische Panzer den Ungarischen Volksaufstand gegen die kommunistische Parteidiktatur niederwalzten, war auch in der DDR der kurze Frühling einer liberaleren Politik wieder vorbei. Die politische Justiz fasste wieder Tritt und ging mit neuer Härte gegen alle Zeichen von Opposition und Widerstand vor.

Demonstranten fordern freie Wahlen

2.6 Entführungen: Karl Wilhelm Fricke

Karl Wilhelm Fricke[51], Jahrgang 1929, war 17 Jahre alt, als sein Vater, seit 1926 Volksschullehrer, seit 1937 NSDAP-Mitglied, im Juni 1946 vom sowjetischen Geheimdienst NKWD verhaftet wurde. Ungeachtet einer Unbedenklichkeitsbescheinigung des örtlichen Antifa-Komitees, die der Vater vorweisen konnte, kam er in ein Internierungslager. Knapp drei Jahre später, im Februar 1949, verhaftete die Volkspolizei den 20jährigen Sohn Karl Wilhelm, der nach Abschluss des Gymnasiums als Hilfslehrer für Russisch eine Anstellung gefunden hatte. Ihm gelang es, aus dem VP-Gebäude zu entkommen und in die britische Zone zu fliehen, wo er studierte und begann, als Journalist über die DDR zu publizieren. 1950 wurde Frickes Vater in den Waldheimer „Prozessen" zu 12 Jahren Haft verurteilt. Er starb 1952 im Zuchthaus.

Drei Jahre später, im April 1955, wurde Karl Wilhelm Fricke vom MfS aus West-Berlin entführt - eines von mehr als 700 Menschenraubopfern der Staatssicherheit, wie heute die Akten belegen.

Das MfS setzte die „Sippenhaft" fort: Wenige Tage nach Frickes Entführung wurde auch seine noch in der DDR lebende Mutter verhaftet und schließlich wegen Staatsverleumdung und Ausfuhr von DDR-Geld 1956 zu zwei Jahren Haft verurteilt.

Fricke berichtete vor der „Enquetekommission" des 12. Deutschen Bundestages:

Fricke über sein Verfahren

„Ich war nach meiner Entführung aus West-Berlin am 1. April 1955 in Stasi-Untersuchungshaft genommen worden und wurde am 11. Juli 1956 in einem Geheimprozess vor dem Obersten Gericht nach Artikel 6 der DDR-Verfassung zu vier Jahren Zuchthaus verurteilt. Motiv meiner Entführung durch die Staatssicherheit war der unbegründete Verdacht, meine Zeitungsartikel beruhten auf illegal aus der DDR beschafften Informationen, so dass man – wenn die Staatssicherheit meiner habhaft wäre – auch jene ‚Agenturen liquidieren' könne – ich spreche im Stasi-Jargon –, die für mich tätig gewesen sein sollten. Da sie nicht existiert hatten, konnte die Staatssicherheit mir nichts nachweisen. Trotzdem unterrichtete der Stellvertreter des Generalstaatsanwalts Bruno Haid die Abteilung Staatliche Verwaltung im ZK der SED, z.H. von Josef Streit, mit Schreiben vom 19. April 1956 – (...) alles, was ich hier sage, (ist) belegbar –, das also über eine Anklage gegen mich informieren sollte, mit den folgenden Worten: ‚Ich beabsichtige, gegen Fricke wegen Verbrechen gegen Artikel 6 der Verfassung der Deutschen Demokratischen Republik 15 Jahre Zuchthaus zu beantragen. Die Hauptverhandlung wird unter Ausschluss der Öffentlichkeit geführt.'

Unter dem 26. Juni 1956, also gut zwei Monate später, übersandte Staatsanwalt Helmut Löser eine ‚neugefertigte Anklageschrift', verbunden mit der Bitte, ‚die mit Schreiben vom 19.4.1956 übersandte Anklageschrift als ungültig zu betrachten'. Und es folgte der für mich schicksalsträchtige Satz: ‚Ich beabsichtige, unter den veränderten Gesichtspunkten eine Strafe von vier Jahren Zuchthaus zu beantragen.'

Dabei ist es zuletzt geblieben. Auf welcher Ebene schließlich die Entscheidung über das erheblich herabgesetzte Strafmaß fiel, konnte ich bislang noch nicht recherchieren. Aus einem internen Briefwech-

Karl Wilhelm Fricke bei seiner Entlassung aus der Sonderhaftanstalt Bautzen II im März 1959

Unzweifelhaft gab es während der gesamten Zeit der DDR den Versuch bundesdeutscher und anderer westlicher Geheimdienste, im Wege der Spionage Erkenntnisse über die politische und wirtschaftliche Entwicklung in der DDR zu gewinnen. Bei einer Reihe von Todesurteilen, die in der DDR wegen Spionage für den Bundesnachrichtendienst (BND) ausgesprochen wurden, hat der BND inzwischen bestätigt, dass die Verurteilten so genannte „Quellen" des BND bzw. des Vorläufers des BND, der Organisation Gehlen, waren.

Doch gleichzeitig ist mit dem Spionagevorwurf so inflationär umgegangen worden wie mit dem Vorwurf der „Abwerbung". Wer immer per Brief Familienangehörigen in der Bundesrepublik Mitteilung über die schlechte Versorgungslage in der DDR machte, lief schon Gefahr, wegen Spionage verurteilt zu werden; wer gar westdeutschen Radiostationen oder dem RIAS Hörerbriefe schrieb oder Interviews gab, galt von vornherein als Spion.

Oberstes Gericht der DDR bis 1974, Berlin, Scharnhorststraße

Journalisten wie Karl Wilhelm Fricke, die sich die Berichterstattung über die DDR zum Thema ihrer beruflichen Arbeit gemacht hatten und selbstverständlich zu recherchieren hatten, wollten sie den beruflichen Standards ihrer Profession entsprechen - also nicht Berichte über die DDR am Schreibtisch erfinden -, galten zumindest in den 50er Jahren einem Staat und einem System, das die Geheimhaltung genauso zum Prinzip gemacht hatte wie die Lüge in ihren Massenmedien, pauschal als „Spione und Agenten".

Am 11. Juli 1956 fand die Verhandlung vor dem Obersten Gericht der DDR statt. Auf Antrag des Anklägers sollte die Öffentlichkeit ausgeschlossen werden, doch nach kurzer Verhandlungspause verkündete das Gericht die Ablehnung dieses Begehrens. Hatte sich das OG auf Rechtsstaatlichkeit besonnen? Hierzu Fricke als Zeitzeuge in eigener Sache: „Es war zum Lachen und dennoch kein Witz: Die nicht vorhandene Öffentlichkeit wurde von der Verhandlung vor Gericht nicht ausgeschlossen." Denn zu seiner Verhandlung saßen nur einige MfSler im Gerichtssaal - ansonsten war der Trakt des Obersten Gerichts, in dem die Verhandlung gegen ihn geführt wurde, hermetisch abgeriegelt.

---

sel zwischen Vizepräsident Ziegler und Generalstaatsanwalt Melsheimer, den ich nach der Wende in den Akten des Justizministeriums gefunden habe, geht allerdings hervor, dass die Akten in meiner Angelegenheit zweimal - einmal monatelang - dem Zentralkomitee der SED vorgelegen haben und dass zwischenzeitlich ‚mehrere Besprechungen mit Genossen Oberstaatsanwalt Haid und MfS' stattfanden, ‚da das Verfahren gegen Fricke von großer politischer Bedeutung war!'

Im Ergebnis wurde die Anklage mehrmals geändert, will sagen: politischen Erfordernissen angepasst. Die politische Bedeutung meines Verfahrens - das möchte ich hier nachdrücklich betonen - ergab sich natürlich nicht aus meiner Person; zum Politikum war das Verfahren infolge des Kurswechsels der SED in der Justizpolitik geworden.

Nach dem XX. Parteitag der KPdSU und der 3. Parteikonferenz der SED war allenthalben beschworen worden, was bei der SED ‚Wiederherstellung der sozialistischen Gesetzlichkeit' hieß. Deshalb war auch eine Anklage gegen mich problematisch geworden. Hätte man mich nicht angeklagt, wäre die Staatssicherheit desavouiert worden; sie hatte mich schließlich entführt. Umgekehrt bedeutete jede Anklage gegen mich eine Verletzung der sozialistischen Gesetzlichkeit. Mit der erheblichen Minderung der Strafe - das ist meine Interpretation - glaubten Politbürokratie und Oberstes Gericht offenbar, einen vertretbaren Kompromiss gefunden zu haben."[52]

Die Verhandlung war an einem Tag abgeschlossen, das Urteil gefällt. Fricke, der angesichts seiner Kenntnisse über DDR-Justizpraktiken von vornherein darauf verzichtet hatte, einen DDR-Anwalt als Verteidiger zu nehmen, widersprach dem Vorwurf der Spionage.

Er musste die gesamten vier Jahre in Einzelhaft verbringen, bevor er im März 1959 in die Bundesrepublik entlassen wurde.

Rückblickend schrieb er: „Ich bin 1959 in die Freiheit heimgekehrt mit dem festen Entschluss, die Information als politische Waffe nun erst recht zu gebrauchen und einen mir möglichen Beitrag zur öffentlichen Meinungsbildung zu leisten, der geeignet war, den Sozialismus in den Farben der DDR in seiner erbärmlichen Verlogenheit bloßzustellen ..."

Seit der Haftentlassung analysierte Fricke das Herrschaftssystem der SED in zahllosen Aufsätzen, Vorträgen und Büchern. Fortan ließ das MfS den Autor nicht mehr aus dem Blick - der letzte Bericht datiert vom 7. Mai 1989.

Als Ende 1989 Bürgerrechtler der DDR die Stasi-Gebäude besetzten und mit der Auflösung des MfS begannen, hatten sie Frickes Buch "Die DDR-Staatssicherheit" in der Hand - die zu diesem Zeitpunkt sorgfältigste Darstellung von Struktur und Geschichte des MfS.

In der Enquetekommission des 12. Deutschen Bundestages „Aufarbeitung von Geschichte und Folgen der SED-Diktatur in Deutschland" war Fricke einer der namhaftesten Experten.

Ehemalige Häftlinge der DDR bei einer Kundgebung am Tag der Deutschen Einheit 1957 vor dem Schöneberger Rathaus in West-Berlin

2.7 Justiz und Opposition 1957 – 1958

Von links: Wolfgang Harich im Oktober 1956, Erich Loest im September 1955, Walter Janka im Juli 1955

Das 30. Plenum des ZK der SED vom 30. Januar bis 2. Februar 1957 bekräftigte, dass die strategische Linie der Partei sich nicht ändern würde. „Das Hauptinstrument bei der Schaffung des Sozialismus ist die Staatsmacht!“

Im Frühjahr 1957 begann mit dem Verfahren gegen die so genannte Harich-Gruppe eine Prozessserie, die im Dezember 1958 mit dem Urteil gegen Erich Loest und vier weitere Angeklagte in Halle endete. Sie galt SED-Mitgliedern wie etwa dem Leiter des Aufbau-Verlages Walter Janka, die in kleinen Zirkeln über die Ablösung Walter Ulbrichts als SED-Chef und über demokratische Reformen innerhalb von Partei, Staat und Gesellschaft nachgedacht hatten, ohne dabei letztlich das Machtmonopol der SED und das gesellschaftspolitische Ziel des Aufbaus des Sozialismus in Frage zu stellen.

Diese Prozesse zeigten, dass solche ereignisabhängigen Justizkorrekturen und Bekenntnisse zur Einhaltung der Gesetze wie 1956 nicht als Hinweise auf strukturelle Änderungen in der Justizpraxis der SED fehlinterpretiert werden durften.

Es war 1957 aber bei weitem nicht nur jene geringe Zahl von SED-Genossen wie Walter Janka oder Wolfgang Harich, die verurteilt wurden und bis heute das Bild der politischen Justiz dieses Jahres prägen.

Neben den vergleichsweise wenigen SED-Genossen, die verurteilt wurden, gab es mehr als 4.000 weitere DDR-Bewohner, die 1957 aus politischen Gründen als „Staatsverbrecher“ in Strafhaft kamen – unter ihnen beispielsweise der am 28. November 1957 vom Bezirksgericht Leipzig in Absprache mit dem zentralen Parteiapparat für fünf Jahre ins Zuchthaus gesteckte Leipziger Studentenpfarrer Georg-Siegfried Schmutzler.[53]

Die Verurteilung wurde in der DDR-Presse groß herausgestellt.

Siegfried Schmutzler, Aufnahme von 1996

Ihm war vorgeworfen worden, dass er Studenten zu konterrevolutionären Aktionen aufgehetzt und zur Sabotage beim Aufbau des Sozialismus aufgerufen hätte. Ein drastisches Bibelzitat gegen die Jugendweihe galt gar als „Mordhetze", Kontakte zu den Evangelischen Akademien in der Bundesrepublik wurden als „Agententätigkeit" ausgelegt. Das Urteil galt einem Pfarrer, der anlässlich einer Westreise einst eine Predigt mit den Worten einleitete: „Ich komme aus Gottes geliebter DDR". Bedacht auf die ideologische Vorherrschaft, sah die SED 1957 - kurz nach den Verunsicherungen als Folge des XX. Parteitages der KPDSU und dem Ungarnaufstand im Herbst 1956 - ihre Überlegenheit in Gefahr. Wie SED-Akten belegen, entschied die Kirchenabteilung des ZK-Apparates, dass Schmutzler zu verhaften und abzuurteilen sei. Diese ZK-Abteilung formulierte auch die Anklageschrift. Triumphierend zitierte die DDR-Presse nach der Verurteilung Bischof Noth von der sächsischen Landessynode, der zwar das Urteil zurückwies, aber auch sagte, dass Schmutzler sich „im Sinne der Anklage für schuldig erklärt" hätte - im Sinne des in der Anklage ausgedrückten SED-Standpunktes. Noth fügte hinzu: „Ein Pfarrer hat keine konterrevolutionäre Tätigkeit zu entfalten oder sich an einer solchen zu beteiligen." Damit kam er diesem Staat entgegen, vermeintlich im Interesse der mitverurteilten, hart bedrängten Kirche. Hier wird das Dilemma zwischen seelsorgerischer Solidarität gegenüber dem Verurteilten und politischen Rücksichten auf die Stellung der Kirche sichtbar.

Im September 1957 griff das Oberste Gericht der DDR noch einmal auf den berüchtigten Artikel 6 der DDR-Verfassung vom Oktober 1949 als vorgebliche Rechtsgrundlage zurück, um gegen fünf Personen hohe Zuchthausstrafen wegen des Vorwurfs der Spionage zu verkünden.[55]

Die weitere Verschärfung der strafpolitischen Linie im Jahre 1958 wurde unter anderem signalisiert durch die Verurteilung des Weimarer Studentenpfarrers Martin Giersch, den das Bezirksgericht Erfurt am 14. Januar 1958 für 14 Monate wegen so genannter Boykotthetze in Haft steckte - eines der letzten Urteile unter Rückgriff auf Artikel 6.

Im Februar 1958 trat ein neues politisches Strafrecht in Kraft - das so genannte Strafrechtsergänzungsgesetz (StEG), mit dem das strafrechtliche Waffenarsenal zur Unterdrückung jeglicher Form des Wi-

Eine Zonengrenzpatrouille der Roten Armee nimmt Flüchtlinge fest, die im Frühjahr 1949 die Zonengrenze nach Westen überschreiten wollten

Flucht über die „grüne Grenze", vermutlich in den frühen Fünfziger Jahren

derstands gegen die SED-Diktatur ausdifferenziert wurde.

Andere Zeichen der verschärften Gangart in diesem Jahr waren eine Juristenkonferenz im April 1958 in Potsdam-Babelsberg, anlässlich derer Walter Ulbricht einigen Rechtswissenschaftlern den Vorwurf des „Liberalismus" machte, und die Verurteilung des Richters Udo Gemballa wegen „staatsgefährdender Hetze". Gemballa hatte Ende 1956 (also in der Tauwetterperiode) in einer Rede vor Kollegen über die „Bedeutung und Rolle des Rechts bei der Festigung unseres Arbeiter-und-Bauern-Staates" Kritik am Rechtsverständnis vieler Staatsfunktionäre geäußert. Dafür erhielt er im November 1958 eineinhalb Jahre Haft. Damit die Richterkollegen Lehren ziehen konnten, wurden ihnen die „Verbrechen" dieses Richters in der DDR-Justizpresse erläutert.[55]

Das seit dem 1. Februar 1958 geltende StEG[56] war notwendig geworden, da eine der für die Justiz fatalen Folgen der Entscheidung der sowjetischen Regierung vom 20. September 1955, die Hohe Kommission der UdSSR in Deutschland aufzuheben, darin bestand, dass die Kontrollratsgesetze formell ihre Gültigkeit verloren, sie mithin nicht mehr für politische Prozesse missbraucht werden konnten. In der internen Begründung zum StEG hieß es darüber hinaus: „2. Die Bestrafung der Verbrechen gegen unseren Staat allein auf Grund des Artikels 6 der Verfassung und bis zu deren Aufhebung nach den ebenfalls sehr allgemein gehaltenen Kontrollratsgesetzen entspricht seit langem nicht mehr der Notwendigkeit, durch die Gesetze die Verbrechen eindeutig zu charakterisieren und auch bereits durch das Gesetz eine erzieherische Wirkung auszuüben. (...) Im übrigen geht der Inhalt der Bestimmung des Gesetzentwurfes nicht über die bereits geübte Praxis der Gerichte und Untersuchungsorgane hinaus."[57] Die bisherige Praxis sollte also fortgesetzt werden.

Der Tatbestand der Republikflucht, im ersten Entwurf des StEG noch enthalten, war in der letzten Fassung wieder gestrichen worden. Das Politbüro ließ sich davon überzeugen, dass „es nicht zweckmäßig sei, eine solche Strafbestimmung in das StEG mit dem Charakter eines Staatsverbrechens aufzunehmen".[58] Um das Verlassen der DDR unter Strafe zu stellen, wurde zugleich das Passgesetz novelliert.[59]

Ein neugefaßter Paragraph 8 drohte erstmals seit 1958 förmlich und unverhüllt Haftstrafen bis zu drei Jahren für Bürger an, die das in Artikel 10 der DDR-Verfassung von 1949 gewährte Recht „Jeder Bürger ist berechtigt, auszuwandern" in Anspruch nehmen wollten. In den Jahren zuvor war es notwendig gewesen, auf dem Wege der unbegrenzten Auslegung anderer Paragraphen Gesetze zu verbiegen, um den Schein einer rechtlichen Grundlage für die Verurteilung von Personen zu wahren,[60] die von der Volkspolizei beim Fluchtversuch gefasst wurden.

Mit dem § 24 StEG (schwere Fälle) erhielten die Justizfunktionäre einen Paragraphen in die Hand, mit dem die ständig verfolgte Ausrichtung der Strafpolitik an Tagesereignissen und politischen Konjunkturlagen gesetzlich sanktioniert wurde. In Absatz 2 des § 24 hieß es, dass schwere Fälle, bei denen auf lebenslanges Zuchthaus oder die Todesstrafe erkannt werden kann, unter anderem dann vorlägen, wenn das Verbrechen „in einer Zeit erhöhter Gefährdung der DDR begangen wird".

Eine der Folgen des strafpolitisch wieder radikalisierten Kurses in der Nach-Tauwetterzeit war der erneute Anstieg der Häftlingszahlen. Ende 1958 gab es 31.850 Strafgefangene gegenüber 22.760 Ende 1957.

Zutreffend heißt es in einer internen „Analyse über die Arbeit der Staatsanwaltschaft im I. Quartal 1958", dass die starke Zunahme der Staatsverbrechen sich daraus erkläre, dass „der Klassenkampf auch von unserer Seite offensiver geführt wird".[61] Eingehämmert wurde den Juristen die neue Offensive des Jahres 1958 durch programmatische Beiträge in der „Neuen Justiz" unter Titeln wie „Die Förderung der sozialistischen Umgestaltung auf dem Lande durch die Gerichte"[62] oder „Die Justizorgane sind wichtige Hebel bei der sozialistischen Umgestaltung"[63].

Doch gegen Ende 1958 schwenkte die Partei wieder um. Gerügt wurden die Fehler der Genossen im Justizapparat, die einmal mehr die richtige Linie der Partei falsch angewendet und sich Überspitzungen bei der Verfolgung solcher Delikte wie Hetze, Staatsverleumdung und Verletzungen des Passgesetzes erlaubt hätten. Diese Fehler wurden im Laufe des vierten Quartals aufgrund „von Hinweisen der Partei" korrigiert, wie die Strafverfolgungsorgane der Partei meldeten.[64]

Mit einer gemeinsamen Anleitung des Innenministeriums und des Generalstaatsanwalts wurde im Oktober 1958 den Richtern und Staatsanwälten nun der Vorwurf gemacht, dass sie „zu viel und zu hart" verurteilt hätten. Zugleich wurde wiederum betont, dass der Kampf gegen den Liberalismus weiterzuführen sei, aber bei den Gerichten und der Volkspolizei Missverständnisse entstanden seien, die dazu geführt hätten, dass „Menschen wegen Handlungen vor Gericht gestellt werden, die gar kein Verbrechen sind".[65]

Die „Eisenberger"

Im Herbst 1958 verurteilte das Bezirksgericht Gera in vier großen politischen Prozessen insgesamt 24 Studenten und Jungarbeiter aus Jena und Umgebung wegen „vollendeten Staatsverrats" bzw. „Hetze" zu Strafen zwischen eineinhalb und 15 Jahren

Angehörige des „Eisenberger Kreises" Thomas Ammer, Johann Frömel, Peter Hermann

Zuchthaus. Es waren Urteile aus einer ganzen Serie politischer Strafverfahren dieses Jahres, in denen Jungarbeiter, Schüler und Studenten aus allen Teilen der DDR mit Haftstrafen belegt wurden.

Das besondere Unglück von Thomas Ammer, Peter Hermann, Johann Frömel und den anderen „Eisenbergern“, die in Gera verurteilt wurden, lag darin, dass sie und ihre Wegbegleiter bereits im September oder Anfang Oktober 1958 vor Gericht standen – kurz vor der bereits erwähnten erneuten Justizkorrektur. Mehrere Wochen später wären die Haftstrafen deutlich geringer ausgefallen.

Überwiegend stammten die in Jena und Gera Verurteilten aus Eisenberg. Hier hatten sie sich – zumeist Oberschüler im Alter von 16 und 18 Jahren – im September 1953 zusammengefunden, um über Widerstandsformen gegen die Politik der SED zu diskutieren.
„Der Entschluss, ›etwas zu tun‹, reifte schließlich auch auf einem Boden, den die SED durch ihre intensive Behandlung des antifaschistischen Widerstandes selbst mit vorbereitet hatte“ – so später Thomas Ammer, 1958 zu 15 Jahren Zuchthaus verurteilt.

Der „Enquetekommission“ des Deutschen Bundestages gab er anlässlich der 67. Sitzung einen knappen Bericht.[66] Das Vorbild der Geschwister Scholl und die Beschäftigung mit ihrer Geschichte (Studenten an der Universität München, die 1943 wegen ihres Widerstands gegen die Hitler-Diktatur von der Nazijustiz zum Tode verurteilt und hingerichtet wurden) hatte nicht nur Thomas Ammer und seine Freunde, sondern viele andere DDR-Jugendliche dazu gebracht, Parallelen in den politischen Systemen zu erkennen.

Bereits in Eisenberg hatte die Gruppe um Thomas Ammer die Arbeit der Partei- und FDJ-Leitung ihrer Schule weitgehend lahmgelegt, indem sie die FDJ-Leitung mit ihren Freunden durchsetzte. Schließlich ging sie dazu über, heimlich Losungen mit der Forderung nach „Freiheit“ und „Freien Wahlen“ auf Mauern und Häuserwände zu malen. Aus Protest gegen die Schaffung der Nationalen Volksarmee steckten Mitglieder der Gruppe im Januar 1956 einen Schießstand in Brand und verstärkten gleichzeitig die politisch-programmatische Diskussion. Zum Selbstschutz bei heimlichen Aktionen wurden in wenigen Fällen Gaspistolen mitgeführt.

Mit Beginn des Studiums an der Universität Jena kamen Mitglieder des „Eisenberger Kreises“ in Kontakt mit weiteren zum Widerstand bereiten Studenten, die in einem politischen Klima nahezu allgemeiner Ablehnung der SED-Politik unter den Studenten wirkten. Unter dem Eindruck der revolutionären Entwicklungen im Herbst 1956 in Polen und Ungarn verstärkte die Gruppe ihre Aktivitäten insbesondere mit Flugblättern und Losungen entlang der Eisenbahnlinie von Jena nach Gera. Weitere vorbereitete Aktionen kamen durch den Verrat eines MfS-Spitzels nicht mehr zur Ausführung. Ab Februar 1958 begann das MfS mit den Verhaftungen.

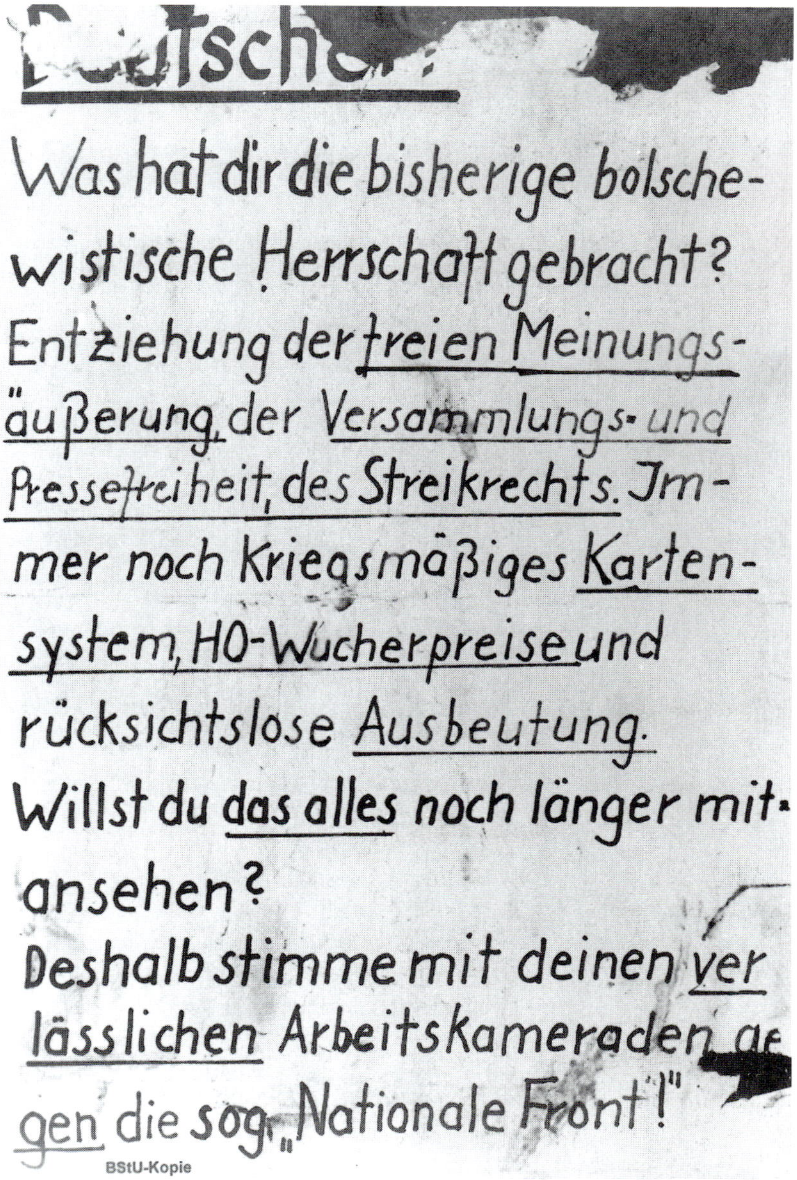

Boykottaufruf des Eisenberger Kreises zur Volkskammerwahl 1954

Thomas Ammer und andere Gruppenmitglieder wurden 1958 auf Grundlage des neu eingeführten Straftatbestandes des Staatsverrates (§ 13 StEG) verurteilt, der im schwer wiegenden Falle oder in einer Situation der besonderen Gefährdung der DDR auch mit lebenslanger Haft und gar der Todesstrafe geahndet werden konnte.

Wand-Parolen des Eisenberger Kreises, fotografiert vom MfS

§ 13 StEG Staatsverrat

„Wer es unternimmt,

1. die verfassungsmäßige Staats- oder Gesellschaftsordnung der Deutschen Demokratischen Republik durch gewaltsamen Umsturz oder planmäßige Untergrabung zu beseitigen,
2. mit Gewalt oder durch Drohung mit Gewalt die verfassungsmäßige Tätigkeit des Präsidenten der Republik, der Volkskammer oder der Länderkammer oder des Ministerrates oder ihrer Präsidien oder eines ihrer Mitglieder unmöglich zu machen oder zu behindern,
3. das Gebiet der Deutschen Demokratischen Republik einem anderen Staat einzuverleiben oder einen Teil desselben von ihr loszulösen, wird wegen Staatsverrates mit Zuchthaus nicht unter fünf Jahren und Vermögenseinziehung bestraft."

Aus rechtsstaatlicher Sicht hat die SED vom 3. Oktober 1949 an vieles von dem, was dieser Paragraph beschrieb, systematisch betrieben, nämlich die planmäßige Untergrabung der verfassungsmäßigen Ordnung der DDR:

- indem die Volkskammer zur Marionettenversammlung gemacht wurde, deren Mitglieder nichts anderes durften, als den Beschlüssen des Politbüros zuzustimmen;
- indem die in der Verfassung garantierten justiziellen Grundrechte der Bürger in der Praxis suspendiert und entgegen der Verfassung Sondergerichte installiert wurden sowie die verfassungsmäßig garantierte Unabhängigkeit des Richters faktisch aufgehoben war, die Richter als Parteisoldaten zu funktionieren hatten.

So legte beispielsweise 1958 die ZK-Abteilung Staat und Recht unter Leitung von Klaus Sorgenicht als „Programm für die Arbeit des Sektors Justiz" fest: „Die noch immer vorhandenen Auffassungen von der Unabhängigkeit der Richter, die die Verantwortung der Richter vor der Partei negieren, sind zu überwinden."[67]

Nach der internen Statistik des ZK-Apparates kam der § 13 StEG 1958 in 22 Fällen zur Anwendung.[68] Neben den Verfahren gegen die „Eisenberger" wurde dieser Paragraph auch bei folgenden Strafverfahren herangezogen:

Am 15. September 1958 verurteilte das Bezirksgericht Halle die Geschichtsstudenten Heinrich Blobner (23 Jahre) und Arno Seifert (21 Jahre) zu jeweils 7 Jahren Haft – zwei junge Leute, die sich zu jener Zeit selbst noch als Sozialisten begriffen und sich lediglich Gedanken zur Reform des realen Sozialismus gemacht hatten.[69]

Während für die Verfahren vor dem Bezirksgericht Gera bisher der Dokumentennachweis für die unmittelbare Einflussnahme der Partei auf die Urteile fehlt, ist für diesen Prozess der Nachweis möglich. In einem Vermerk der Bezirksverwaltung Halle des MfS vom 13. August 1958 ist festgehalten, dass in einer Besprechung zwischen der SED-Bezirksleitung, der Staatsanwaltschaft, der Universitätsleitung und dem MfS Halle und Leipzig „als Strafmaß 7 bis 8 Jahre Zuchthaus in Vorschlag gebracht wurden". Weiterhin enthält dieses Dokument Vorschläge zur Verfahrensinszenierung und zur Auswahl der Zuschauer etc. Der Parteisekretär der Universität wurde ausweislich dieses Vermerks damit beauftragt, nach der Verurteilung „Charakteristiken über das Verhalten der Zeugen nach Liquidierung der staatsverräterischen Gruppe" anzufertigen.

Des weiteren traf der Vorwurf des Staatsverrats vier Studenten der medizinischen Akademie Magdeburg, die am 6. Oktober 1958 vom Bezirksgericht Magdeburg zu Zuchthausstrafen zwischen eindreiviertel und zweieinhalb Jahren verurteilt wurden. Sie hatten sich zuvor an den Protesten gegen die Umwandlung der medizinischen Fakultät in Greifswald in eine medizinische Militärakademie beteiligt.

2.8 Beitrag der Justiz zur Zwangskollektivierung 1960

Im Frühjahr 1960 begann die Schlussphase der Zwangskollektivierung auf dem Lande. Dabei wurde den mit massivstem Druck und Strafverfahren in die Landwirtschaftlichen Produktionsgenossenschaften (LPG) getriebenen Bauern noch abverlangt, ihre Kollektivierung als freiwillige Entscheidung zu feiern. Justiz, MfS und Volkspolizei bildeten zur Unterstützung der „freiwilligen Kollektivierung" Sonderstäbe. Erneut standen die Bauern vor der Alternative: Republikflucht, Zuchthaus oder Beitritt in eine LPG. Es kam zu vielfältigen Formen bäuerlichen Widerstands. Selbst nach dem Mauerbau am 13. August 1961 traten Bauern wieder aus den LPGs aus, zündeten Höfe und Felder an, verweigerten die kollektive Arbeit und gingen zur Kampfesform des proletarischen Lohnarbeiters über: sie streikten.

Wie die Justiz die Kollektivierung unterstützte, zeigt zum Beispiel die Geschichte des Bauern Alfred H., Jahrgang 1923. Sie beginnt im Jahr 1960. Es ist das Jahr der massenhaften Zwangskollektivierung auf den Dörfern. Die DDR-Propaganda sprach vom „sozialistischen Frühling auf dem Lande".

Bauer H. bewirtschaftete in einer 200-Seelen-Gemeinde bei Magdeburg die Landwirtschaft seiner Eltern und lebte auf dem Hof seiner Schwiegereltern. Von Beruf Fleischer, machte er nebenbei genehmigte Hausschlachtungen. Bei einer solchen wurde er am 21. Januar 1960 verhaftet. Er sollte SED-Funktionäre des Dorfes bedroht und am 17. Juni 1953 (also sieben Jahre vorher) „faschistische Lieder in einer Gaststätte gesungen" haben.

Realer Hintergrund war, dass sich Bauer H. öffentlich gegen den Eintritt in die LPG ausgesprochen und in Gemeindeversammlungen dem Parteisekretär und dem LPG-Vorsitzenden Unregelmäßigkeiten bei der Bewertung der Qualität der in die LPG eingebrachten Ackerflächen (so genannte Bodendifferenzierung) vorgeworfen hatte. Bauer H. genoss im Ort großes Ansehen. Er wurde als fleißig, hilfsbereit und ruhig charakterisiert.

Bei einer Hausdurchsuchung am Tag seiner Verhaftung wurde von der Volkspolizei der Bauer als Zeuge hinzugezogen, auf dessen Wirtschaft die Hausschlachtung stattgefunden hatte. Er bestätigte 1993 anlässlich des strafrechtlichen Rehabilitierungsverfahrens für Bauer H., dass bei dieser Durchsuchung keine Waffen gefunden wurden. Dies, dass Bauer H. Waffen versteckt gehabt habe, die angeblich bei der Hausdurchsuchung gefunden worden seien, war 1960 der zentrale Vorwurf der MfS-Vernehmer gegen H.

Während der Vernehmung wurden ihm plötzlich zwei alte Waffen aus dem Zweiten Weltkrieg vorgehalten. Er sollte diese als sein Eigentum identifizieren, was er deutlich verneinte.

In der MfS-Untersuchungshaftanstalt geriet er zunehmend in Schwierigkeiten, weil er nicht völlig ausschließen konnte, dass sich diese Waffen ohne sein Wissen auf dem Hof befunden hatten. Ein Schwager war nicht aus dem Krieg zurückgekehrt. Von ihm befanden sich in Schränken und Kommo-

Blick auf den Fahrzeugpark einer LPG 1960

Kollektivierung 1960

den – außerhalb des Wohnbereiches der Familie H. – noch einzelne Besitzstücke.

Bauer H. selbst zum weiteren Verlauf: „Da ich weder zum Erwerb der Waffen, geschweige denn zu ihrer vorgesehenen Verwendung schlüssig sinnvolle Aussagen machen konnte, nahmen mir die Vernehmer den Teil der Mitwirkung an meinen Aussagen bereitwillig entgegenkommend ab, indem sie ihre Version vom Waffenerwerb und seinem Zweck neben vielen weiteren ausgedachten Aussagen zu Papier brachten, um die Verhandlung weisungsgemäß vorzubereiten. Da ich immer noch glauben musste (bis zu meiner Haftentlassung), dass tatsächlich Waffen gefunden wurden, akzeptierte ich, wenn auch widerstrebend, die von den Vernehmern ausgedachte Version, um nicht weitere Angehörige dem Verdacht des wissentlichen Waffenbesitzes auszusetzen.“

H. wurde am 29. April 1960 vom Ersten Strafsenat des Bezirksgerichtes Magdeburg wegen fortgesetzter staatsgefährdender Hetze und unberechtigten Waffenbesitzes zu einer Gesamtstrafe von drei Jahren Zuchthaus verurteilt. Im Berufungsverfahren vor dem Obersten Gericht wurde das Urteil im Schuld- und Strafausspruch abgeändert. H. wurde wegen staatsgefährdender Hetze und unbefugten Waffenbesitzes nun zu zwei Jahren Zuchthaus verurteilt.

Bauer H. trug schwer an dieser Last, denn durch diese Verurteilung hatte seine Ehre, die für ihn einen sehr hohen Stellenwert einnahm, großen Schaden genommen. Er wurde im Urteil als „gewalttätig“ und „verbrecherisch“ und als Mann mit ständigen Alkoholproblemen bezeichnet.

Die Zeit der Haft überstand er nur schwer und kam als körperlich geschwächter und seelisch gebrochener Mann wieder in die Freiheit. Von der bäuerlichen Wirtschaft war nicht mehr viel vorhanden. Der Vater war, der Not gehorchend, in die LPG eingetreten, denn seine einzige Arbeitskraft war der im Gefängnis sitzende Sohn. Das Vieh, das Bauer H. gehörte, wurde gleich nach seiner Verhaftung aus dem Stall geholt. Über dessen Verbleib hat er bis heute keine Klarheit. Bauer H. verdiente sich bis zum Eintritt ins Rentenalter seinen Lebensunterhalt als Schlachter in einem volkseigenen Betrieb.

Mühsame Rehabilitierung

1992 beantragte Herr H. seine Rehabilitierung. Er wurde vom Vorwurf der staatsgefährdenden Hetze, hingegen nicht wegen des von ihm bestrittenen vermeintlichen Waffenbesitzes rehabilitiert. Das Landgericht Halle kam unter anderem zu der Feststellung: „Darüber hinaus ist festzustellen, dass die Gründe der angefochtenen Entscheidung nicht den geringsten Hinweis dafür geben, dass die Verurteilung wegen des unbefugten Waffenbesitzes einen politischen Hintergrund hatte bzw. politisch motiviert war.“ Unter anderem sah das Rehabilitierungsgericht ein Indiz für den tatsächlichen Waffenfund

Kollektivierung 1960. Ein Bauer entfernt Grenzsteine, die seine privaten Äcker kennzeichnen

im Jahre 1960 darin, dass im Berufungsverfahren vor dem OG der DDR die Verurteilung wegen des „ungesetzlichen Waffenbesitzes" vom damaligen Verteidiger des H. nicht angegriffen wurde. Hierzu äußerte der damalige Rechtsanwalt von Herrn H., es könne doch wohl heute niemand ernsthaft glauben, dass ein solches Unterfangen damals möglich gewesen wäre. Es hätte bedeutet, der Polizei oder dem MfS Beweismittelfälschungen zu unterstellen, was sowohl für Herrn H. als auch für den Rechtsanwalt gefährliche persönliche und berufliche Konsequenzen gehabt hätte. Und in der Tat gibt es Fälle aus der DDR-Justizgeschichte, dass Rechtsanwälte zu Haftstrafen verurteilt wurden, weil sie so kühn waren, das MfS der Geständniserpressung oder der Fälschung von Beweismitteln zu beschuldigen.

Ein paar Wochen vor der ablehnenden Entscheidung des Landgerichts Halle bekam Herr H. Stasiakten-Einsicht. In ihnen fanden sich hinreichende Indizien, dass der Vorwurf des „ungesetzlichen Waffenbesitzes" eine Deliktkonstruktion des MfS war. So existierten von der ersten Hausdurchsuchung zwei Protokolle, einmal ohne Waffenfund, einmal mit Waffenfund. Zudem war ein Zeugenvernehmungsplan vorhanden, der 14 Tage vor der Verhaftung H.s erstellt wurde. Dieser Plan sah vor, einen Zeugen nach den Waffen zu befragen, die später als „Zufallsfund" deklariert wurden.

Einblick in die Verhandlungsführung des Bezirksgerichts Magdeburg im Prozess gegen Bauer H. gab ein MfS-Bericht. In ihm hieß es: „Auch bei den weiteren Zeugenaussagen, obwohl es sich hierbei um Funktionäre des Dorfes handelte, kam eine versöhnlerische Haltung bei ihren Aussagen zum Ausdruck. Allgemein wurde von allen Zeugen gesagt, dass H. im nüchternen Zustand ein guter und hilfsbereiter Mensch sei. Durch sehr viele komplizierte und bis in die Kleinigkeit gestellte Fragen des Senats mussten die Zeugen überzeugt werden, dass sie sich, wenn H. betrunken war, fürchteten ..."

Gegen die Ablehnung der vollen Rehabilitierung legte Herr H. fristgemäß Beschwerde ein. Er erklärte sehr ausführlich, unter welchen Umständen sein „Geständnis" zustande gekommen sei, verwies auf seine Stasiakten und bat dringlichst, persönlich vom Gericht angehört zu werden. Seine Beschwerde blieb erfolglos. Das OLG Naumburg blieb bei der Ablehnung der Rehabilitierung wegen des ungesetzlichen Waffenbesitzes.

Herr H., mittlerweile gesundheitlich stark angeschlagen, verkraftete diese gerichtlichen Entscheidungen nicht. Er fühlte sich jetzt erst „richtig verurteilt", brach zusammen und musste durch eine Psychologin betreut werden. Schließlich gelang es, einen Zeugen der Hausdurchsuchung von 1960 zu finden, der eidesstattlich versicherte, dass während der Hausdurchsuchung keine Waffen aufgefunden wurden.

Nach vier Jahren eines nervenaufreibenden rechtlichen Streits wurde Bauer H. 1995 in einem Wiederaufnahmeverfahren schließlich völlig rehabilitiert.

Tafel auf dem Marktplatz in Torgau

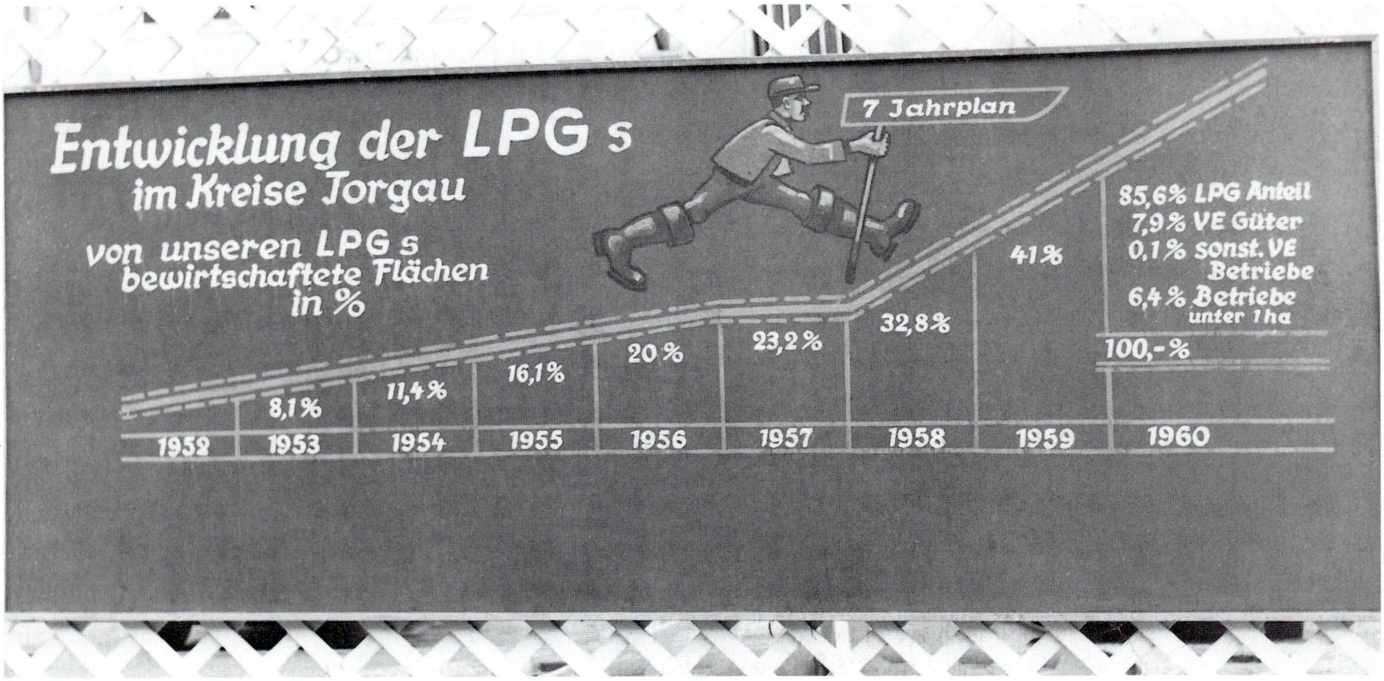

2.9 Neue Justizpolitik nach dem Bau der Mauer 1961

West-Berliner Polizisten beobachten den Bau der Mauer

Ein Gnadenerlass des neu gebildeten Staatsrats vom 1. Oktober 1960 - 16.000 Häftlinge erhielten vor Ablauf ihrer Haftzeiten die Freiheit - und ein Rechtspflegeerlaß vom 30. Januar 1961 schienen eine Wende in der SED-Justizpolitik zu signalisieren. Es sah nach „Liberalismus" aus. Doch mit dem Bau der Mauer ab dem 13. August 1961 wurde die Straf- und Repressionspolitik wieder in altbekannter Härte angezogen. Auf Grundlage einer neuen „Verordnung über die Aufenthaltsbeschränkung" vom 24. August 1961 kamen Ost-Berliner, die in West-Berlin gearbeitet hatten („Grenzgänger"), und Bauern wegen Arbeitsscheu in Arbeitslager; entlang der Grenze zur Bundesrepublik wiederholten sich die Zwangsvertreibungen bzw. -umsiedlungen des Jahres 1952.

Nach dem Mauerbau verstärkte das Regime seine Anstrengungen, „ideologische Grenzgänger" am Empfang westlicher Sender zu hindern. Im September 1961 begann die Freie Deutsche Jugend (FDJ) mit ihrer „Aktion Ochsenkopf - Blitz kontra NATO-Sender". So genannte FDJ-Ordnungsgruppen holten Fernsehantennen von den Dächern, die Richtung Bundesrepublik ausgerichtet waren, oder brachten sie in eine Stellung, die nur noch den Empfang von DDR-Stationen zuließ.

Gleichzeitig gab das Sekretariat des ZK der SED am 6. September 1961 die Direktive aus, „organisiertes Westfernsehen strafrechtlich zu verfolgen“. So, wie bereits in früheren Jahren von der Justiz das ›Faustrecht‹ gegen Hörer westlicher Radiosender gebilligt wurde, wurde diese Praxis nach dem Mauerbau regelrecht in Pressekampagnen propagiert – eine neue Variante der DDR-Justiz.

Wo die unmittelbare Gewalt der Genossen nicht ausreichte, sprach die Justiz drakonische Urteile. Staatsanwälte erhielten zum Beispiel Anweisung, gegen zwangskollektivierte Bauern, die nicht genossenschaftlich arbeiten wollten, Verfahren wegen Arbeitsscheu durchzuführen.

Wie die politische Justiz sich „über Nacht“ änderte, von einer Phase äußerster Zurückhaltung vor dem 13. August 1961 zum altbewährten Instrument der Repression ab dem 14. August 1961, zeigt die folgende Tabelle:

Fälle politischer Justiz 1960 und 1961[70]

	1960	1961	1. Halbjahr 1961	2. Halbjahr 1961
Staatsverbrechen (§§ 13–19,21–26 StEG)	6.130	8.721	1.521	7.200
Staatsverleumdung (§ 20 StEG)	4.008	5.470	904	4.566
Passgesetz (§ 8)	7.554	8.546	2.017	6.531
insgesamt	**17.692**	**22.739**	**4.442**	**18.297**

Bau der Mauer im August 1961

2.10 Protest von Arbeitern gegen den Einmarsch von Truppen des Warschauer Paktes in die ČSSR 1968

1968 trat in der DDR die neue, sozialistische Verfassung in Kraft, die jene aus dem Jahre 1949 ablöste. Ihr Artikel 1 besagte: „Die Deutsche Demokratische Republik ist ein sozialistischer Staat deutscher Nation. Sie ist die politische Organisation der Werktätigen in Stadt und Land, die gemeinsam unter Führung der Arbeiterklasse und ihrer marxistisch-leninistischen Partei den Sozialismus aufbauen."

Damit wurde die Vormachtstellung der SED zum ersten Mal verfassungsrechtlich festgeschrieben, allerdings ohne in den sonstigen Artikeln dieser Verfassung im Detail zu benennen, wie die Führungsrolle „der Arbeiterklasse und ihrer marxistisch-leninistischen Partei" sich im Verfassungsalltag verwirklichen und wo gegebenenfalls ihre verfassungsrechtlichen Grenzen liegen sollten. Erst 1989, nach dem Sturz von Honecker, strich die Volkskammer am 1. Dezember jenen Satz über die führende Rolle der Arbeiterklasse und ihrer Partei aus Artikel 1.

Die SED-Führung verfolgte 1968 mit wachsender Sorge die kommunistische Reformbewegung in der ČSSR, die als „Prager Frühling" insbesondere Teile der jüngeren DDR-Generation faszinierte. Der Einmarsch der Truppen des Warschauer Paktes am 21. August 1968 in die ČSSR beendete zwar dieses Experiment, löste aber in der DDR eine breite Welle des politischen Protests aus. Die junge Generation bekundete offen ihre Sympathie mit dem tschechoslowakischen Reformkurs. In der Ost-Berliner Karl-Marx-Allee skandierten Jugendliche „Dubček, Dubček" (Alexander D. war seit Januar 1968 Erster Sekretär der tschechoslowakischen Kommunistischen Partei und führender Reformer, nach dem sowjetischen Einmarsch im August 1968 verlor er im April 1969 sein Amt) und „Svoboda, Svoboda" (Ludvik S. wurde im „Prager Frühling" zum Staatspräsidenten der ČSSR gewählt); ähnliche Kundgebungen gab es in Dresden und Gotha. Aus vielen Städten der DDR - so aus Erfurt, Frankfurt/Oder, Jüterbog, Karl-Marx-Stadt (Chemnitz), Oschatz und Ost-Berlin - wurden Flugblattaktionen bekannt. Hauswände, Straßen und Mauern wurden mit Parolen wie „Es lebe Dubäek", „Russen raus aus der ČSSR", „Nieder mit Ulbricht" versehen.

Doch das MfS war gut vorbereitet. Bis zum 15. Oktober 1968 wurden 1.189 „im Zusammenhang mit den Ereignissen in der ČSSR straffällige" Personen festgenommen.

Zur strafrechtlichen Aburteilung der Protestierenden war das neue Strafgesetzbuch der DDR vom 12. Januar 1968 rechtzeitig in Kraft getreten, dessen „Besonderer Teil" vor allem in den Kapiteln 1, 2 und 8 die politischen Delikte ausfächerte. Auf dieser Grundlage begannen im Oktober 1968 die ersten po-

Prag im August 1968: Einmarsch der sowjetischen Armee

Prager Jugendliche und Soldaten der Roten Armee beobachten den Brand eines sowjetischen Panzers

litischen Strafverfahren wegen „staatsfeindlicher Hetze" (§ 106 StGB/DDR). So weit es Verurteilungen Jugendlicher und Heranwachsender betraf, wurden die Haftstrafen alsbald unter Auflagen zur Bewährung ausgesetzt. Ältere „Staatsfeinde" mussten dagegen ihre Haftstrafen absitzen.

Aus einer detaillierten Statistik des Generalstaatsanwalts geht hervor, dass es sich bei den Verhafteten zu mehr als 70 Prozent um junge Leute zwischen 16 und 30 Jahren handelte, 84 Prozent waren Arbeiter.[71]

Für die Partei „der Arbeiterklasse" muss die Erkenntnis erschreckend gewesen sein, dass in erster Linie junge Arbeiter, die seit den ersten Jahren ihres Lebens in der SBZ/DDR aufgewachsen waren, öffentlich ihren Widerspruch gegen die Politik der „Partei der Arbeiterklasse" angemeldet hatten. Dagegen waren Intellektuelle, die sich für einen „Sozialismus mit menschlichem Antlitz" öffentlich stark machten, eine verschwindende Minderheit.

Beispielhaft für diese jungen Arbeiter ist der folgende Fall:

Ein 26jähriger Dachdecker hatte am Abend des 24. August 1968 in einer Gaststätte in Stendal viele Gläser Bier getrunken. Sowohl in der Gaststätte wie später auf dem Heimweg rief er lauthals: „Ich muss doch die Tschechen verteidigen, meinen Kumpel haben die Russen in der ČSSR erschossen; ich habe einen Brief von seiner Mutter bekommen. Darin stand, dass mein Kumpel einen Kopfschuss erhalten hat. Die Russen mischen sich überall ein." Das Bezirksgericht kam zu dem Ergebnis: „Mit diesem Handeln hat der Angeklagte den Tatbestand des § 106 Abs. 1 Ziff. 3 StGB erfüllt. Er hat die Maßnahmen der Warschauer Vertragsstaaten zur Hilfe für die Regierung und die Führung der kommunistischen Partei der ČSSR gegen die konterrevolutionären Umtriebe in diesem Lande durch die o.a. Äußerungen diskriminiert. (...) Wer diese Maßnahmen angreift, greift demzufolge auch die Maßnahmen des Staates und der Regierung der DDR an. (...)" In Übereinstimmung mit dem Antrag des Bezirksstaatsanwalts wurde der Dachdecker zu einem Jahr und neun Monaten Haft verurteilt.[72]

Wie ihm erging es einem 37jährigen Stellwerksmeister der Reichsbahn aus Thüringen. Er wurde im August 1968 verhaftet und später zu dreieinhalb Jahren Haft verurteilt. Sein Verbrechen: Er hatte öffentlich gefordert, dass die Bürger der DDR sich den Freiheitsbestrebungen der ČSSR-Bürger anschließen sollten.

In Berlin verweigerte ein 34jähriger Kesselwärter, SED-Mitglied, aus Protest die Arbeit. Wegen staatsfeindlicher Hetze saß er eineinhalb Jahre Haft ab.[73] Ein 40jähriger Transportarbeiter, der in Berlin mit einem Kinderdruckkasten Flugblätter hergestellt und sie anschließend verteilt hatte, zahlte für seinen Widerspruch mit zweieinhalb Jahren Gefängnis.[74]

2.11 „Abstimmung mit den Füßen"

Im verzweifelten Kampf gegen die Republikflucht, gegen die „Abstimmung mit den Füßen", den die SED von Beginn bis Ende ihrer Herrschaft zu führen hatte, wurden die vielfältigsten Mittel eingesetzt. Mit der Republikflucht befasste sich bereits die gemeinsame Rundverfügung Nr. 126/50 des Ministeriums der Justiz und des Generalstaatsanwalts vom 26. September 1950. Mangels genereller Strafvorschriften für das Überschreiten der Demarkationslinie gab diese Rundverfügung Hinweise, wie gleichwohl eine Bestrafung zu erreichen sei.

Über lange Jahre blieb das Regime schamhaft genug, das „Verlassen der Republik" nicht ausdrücklich als Straftatbestand zu fassen, sondern bemühte hierzu einen ganzen Katalog sonstiger Straftatbestände – von der Kontrollratsdirektive 38 bis zum Artikel 6 der Verfassung, von der Wirtschaftsstrafverordnung aus dem Jahre 1948 bis zum Handelsschutzgesetz, und schließlich eine „Verordnung über die Rückgabe der Personalausweise", die seit Ende 1953 bereits drei Jahre Gefängnis für die „Nichtrückgabe der Personalausweise bei der Übersiedlung nach Westdeutschland" androhte. Erst mit der Neufassung des Passgesetzes vom 11. Dezember 1957 wurde die Republikflucht durch § 8 direkt unter Strafe gestellt und mit Haft bedroht. Noch härter waren die Strafen wegen so genannter Abwerbung und Verleitung zur Republikflucht – Tatbestände, die gleichfalls erst mit dem Strafrechtsergänzungsgesetz vom 11. Dezember 1957 (§ 21 StEG) förmlich festgeschrieben wurden. Auf § 21 StEG wurde unter anderem zurückgegriffen, um Fluchthilfe zu bestrafen. Nach dem Bau der Mauer musste zur Ahndung misslungener Grenzdurchbrüche § 17 StEG (Staatsgefährdende Gewaltakte) herhalten, da dieser Paragraph auch Zuchthausstrafen zuließ.

Das neue, am 1. Juli 1968 in Kraft getretene Strafgesetzbuch (in Verbindung mit dem Staatsbürgerschaftsgesetz vom 20. Februar 1967) formulierte als Grundtatbestand einen § 213 „Ungesetzlicher Grenzübertritt".

21. August 1961: Flucht aus dem Fenster: Die Wohnung gehört zu Ost-Berlin, die Straße bereits zum Westen

Den § 21 des Strafrechtsergänzungsgesetzes, mit dem bisher die so genannte Abwerbung geahndet wurde, ersetzte der § 105 „Staatsfeindlicher Menschenhandel“.

Strafbestimmungen zur Republikflucht

§ 213: Ungesetzlicher Grenzübertritt

(1) Wer widerrechtlich die Staatsgrenze der Deutschen Demokratischen Republik passiert oder Bestimmungen des zeitweiligen Aufenthalts in der Deutschen Demokratischen Republik sowie des Transits durch die Deutsche Demokratische Republik verletzt, wird mit Freiheitsstrafe bis zu zwei Jahren oder mit Verurteilung auf Bewährung, Haftstrafe oder mit Geldstrafe bestraft.

(2) Ebenso wird bestraft, wer als Bürger der Deutschen Demokratischen Republik rechtswidrig nicht oder nicht fristgerecht in die Deutsche Demokratische Republik zurückkehrt oder staatliche Festlegungen über seinen Auslandsaufenthalt verletzt.

(3) In schweren Fällen wird der Täter mit Freiheitsstrafe von einem Jahr bis zu acht Jahren bestraft. Ein schwerer Fall liegt insbesondere vor, wenn

1. die Tat Leben oder Gesundheit von Menschen gefährdet;
2. die Tat unter Mitführung von Waffen oder unter Anwendung gefährlicher Mittel oder Methoden erfolgt;
3. die Tat mit besonderer Intensität durchgeführt wird;

(...)

(4) Vorbereitung und Versuch sind strafbar.“

§ 105: Staatsfeindlicher Menschenhandel

(1) Wer

1. um die Deutsche Demokratische Republik zu schädigen;
2. im Zusammenhang mit den im § 97 genannten Stellen oder Personen

Bürger der Deutschen Demokratischen Republik ins Ausland abwirbt, verschleppt, ausschleust oder deren Rückkehr in die Deutsche Demokratische Republik verhindert oder in sonstiger Weise an der Tat mitwirkt, wird mit Freiheitsstrafe nicht unter zwei Jahren bestraft.

(...)

Hatte in Artikel 10 der Gründungsverfassung der DDR, die bis 1968 galt, noch gestanden: „Jeder Bürger ist berechtigt, auszuwandern“, so war ein für die SED-Herrschaft so problematischer Artikel in die neue Verfassung des Jahres 1968 nicht mehr aufgenommen worden.

Doch Gesetze sagen zwar, wozu man unter bestimmten Bedingungen verpflichtet ist. Warum aber der Bürger verpflichtet ist, sich an die Gesetze zu halten, warum legitimerweise von ihm erwartet werden kann, dass er sie einhält - darauf geben die Gesetze keine Antwort. Dies bedarf einer eigenen Begründung, beispielsweise der, dass der Bürger in einem demokratischen System als Wahlbürger, der über die Zusammensetzung des Parlaments mit seiner Gesetzgebungsbefugnis entscheidet, auf diesem Wege auch an der Gesetzgebung selbst beteiligt ist.

Seit den frühen politischen Theorien (Platon, Locke, Rousseau und andere) zur Frage der Geltung gesetzlicher Gebote wird aus der Möglichkeit der Auswanderung (das Austrittsrecht) für die in einem politischen Verband oder in einem Staat Verbliebenen die Pflicht zum Rechtsgehorsam hergeleitet. Für die DDR war diese Bedingung der Legitimität einer politischen Ordnung und der daraus abgeleiteten Pflicht zum Rechtsgehorsam der ihr unterworfenen Bürger in keiner Phase ihrer Geschichte gewährleistet. Und gleichermaßen fehlte diesem politischen System das zweite klassische Grundelement des politischen Denkens seit Plato zur Begründung von Gehorsamspflichten: das Recht auf die Chance zum politischen Widerspruch. Dem politischen System der DDR mangelte es an beiden Minimalvoraussetzungen legitimer Herrschaft. Der Bürger wurde gleichsam als „Staatseigentum“ behandelt. Seit 1964, mit Beginn des Freikaufs von politischen Häftlingen durch die Bundesregierung, konnte er sich gar als Handelsobjekt empfinden.

Im August 1961 reagierte die DDR-Führung auf die Fluchtbewegung mit dem Bau der Mauer.

Einerseits mochte dieser „Wall“ bei der eingemauerten Bevölkerung dazu führen, sich mit dem System und seinen politischen Ritualen zu arrangieren, solange man nicht die Hoffnung hatte, es ändern zu können. Andererseits blieb das tödliche Grenzregime eine ununterbrochene Quelle der Delegitimation und des privaten, zunehmend aber auch öffentlich werdenden Kampfes um die Möglichkeit, das Land verlassen zu können. Wie erwähnt, war dieses Recht nach der geschriebenen DDR-Verfassung von 1949 (Artikel 10 Absatz 2) bis 1968 ausdrücklich garantiert.

Nach einer Flucht durch das Brandenburger Tor am 8. September 1961 (oben), Fluchtfahrzeug (unten)

Flüchtlinge in den Monaten Januar bis August 1961[75]

Monat	Personen	davon unter 25 Jahren in Prozent
Januar	16.697	47,8
Februar	13.576	49,5
März	16.094	50,6
April	19.803	49,4
Mai	17.791	50,0
Juni	19.198	50,2
Juli	30.415	51,4
August	47.433	48,2
Summe:	**181.007**	

Die strafrechtliche Verfolgung der „Republikflucht" und Todesfälle bei Fluchtversuchen 1958 bis 1970[76]

Jahr	Anzahl „Täter", gegen die ermittelt wurde	Zu Freiheitsentzug Verurteilte	Todesfälle an der Grenze
1958	9.997		1
1959	3.791		6
1960	7.798		1
1961	9.941		26
1962	11.780		50
1963	8.197		36
1964	7.814	2.373	27
1965	7.669	3.656	24
1966	6.903	3.598	28
1967	-	3.219	8
1968	-	2.978	10
1969	-	2.572	18
1970	-	2.424	11

Todesfälle an der Grenze: Mindestzahlen, Fälle um Berlin und an der innerdeutschen Grenze (bei Fluchtversuch erschossen; durch Minen u. Selbstschussanlagen getötet; ertrunken; tödlich verunglückt (ohne Todesfälle bei Fluchtversuchen über die Ostsee; an den DDR-Grenzen zum Ostblock; an den Grenzen von Ostblockländern zu westlichen Ländern)[77]

„Abwerber"prozesse

Teil der politischen Justiz speziell in den 50er Jahren waren Strafverfahren wegen Abwerbung. Sie gehörten zu dem vergeblichen Versuch, den ständigen Strom von Flüchtigen, die das Herrschaftsgebiet der DDR verließen, propagandistisch umzudeuten als eine Folge der systematischen Abwerbung von DDR-Bewohnern durch bundesdeutsche Firmen und Behörden. Zwar stellte der interne Bericht über die Kriminalitätsentwicklung im Jahre 1955 fest: „Nach den Feststellungen der Staatsanwaltschaft konnte nur in ganz wenigen Verfahren ein auftragmäßiges Handeln für westdeutsche Unternehmer bzw. Agentenorganisationen nachgewiesen werden."[78]

Doch änderte diese realistische Einschätzung nichts daran, dass das Oberste Gericht eigens für den Zweck des Nachweises der systematischen Abwerbung von DDR-Bürgern 1956 einen großen Schauprozess vor mehreren hundert Besuchern und laufenden Kameras der DEFA-Wochenschau veranstaltete.

Am 24. Januar 1956 trafen in den Räumen des Obersten Gerichts zum ersten Mal vier Personen aufeinander, denen vorgeworfen wurde, ein Verbrechen gemäß Artikel 6 begangen zu haben, indem sie Spionage betrieben und Bürger der DDR zur Flucht in die Bundesrepublik veranlasst hätten.

Schaukasten der Volkspolizei gegen Abwerbung in Berlin, Stalinallee, 1959

Quelle: SAPMO-BArch, DY30/J IV 2/2A/466

Beh. Pol. 3/[illegible] [illegible] 17.1.56

nicht wegen Abwerbung. anders aufbauen

Persönliche Verschlußsache
– Vorlagen – 25
01 Tgb.-Nr. ....

77 Exemplare je 4 Blatt
75. Exemplar 4 Blatt

Abt. Staatliche Organe

Berlin, den 16.1.1956
Str/Do.

Vorlage für das Politbüro

Betr.: Strafverfahren gegen 4 Abwerber vor dem Obersten Gericht

Das Politbüro beschließt:

Der Bericht in der Strafsache gegen 4 Abwerber wird zur Kenntnis genommen.

Die Beschuldigten haben als geworbene Agenten des amerikanischen Geheimdienstes und als Beauftragte westdeutscher Konzerne planmäßig und in verräterischer Absicht den Abzug von Angehörigen der Intelligenz und qualifizierten Facharbeitern nach Westdeutschland und in andere kapitalistische Staaten organisiert, um unsere Volkswirtschaft zu schädigen, die industrielle Produktion zu verlangsamen, den wissenschaftlich-technischen Fortschritt zu hemmen, um damit die rasche wirtschaftliche Entwicklung zu verhindern.
Weiter haben sie Spionage und Schädlingstätigkeit organisiert und auch selbst verübt und Bezahlung dafür entgegengenommen.

Der Prozeß soll in der Zeit vom 24.-27.1.1956 vor dem Obersten Gericht durchgeführt werden.
Die Justizkommission hat über die Strafhöhe beraten und schlägt vor:

Gegen Held und Rudert	Todesstrafe
Gegen Halm	15 Jahre bzw. lebenslänglich Zuchthaus
Gegen Sachße	8-10 Jahre Zuchthaus

Dieser Verbrechen beschuldigt wurden der Konstrukteur Max Held aus Berlin, der Elektriker Werner Rudert aus Erfurt, die Stenotypistin Eva Halm aus Potsdam und der Lochkarten-Spezialist (für Rechnersteuerung) Joachim Sachße aus Karl-Marx-Stadt (Chemnitz).

Was die Beschuldigten nicht wissen konnten, war die Tatsache, dass das Urteil längst vor Prozessbeginn gefällt war, die Richter nur jene Strafen aussprachen, die das Politbüro der SED in seiner Sitzung vom 17. Januar 1956, also eine Woche vor Beginn der Hauptverhandlung, beschlossen hatte.

Im Protokoll dieser Politbürositzung ist unter Tagesordnungspunkt 20 zu lesen:

„Der Bericht in der Strafsache wird zur Kenntnis genommen. Die Bezeichnung ›Abwerber‹ wird als falsch erklärt. Die Verhandlung hat gegen die Angeklagten als Spione zu erfolgen."

In dem genannten „Bericht in der Strafsache" vom 16. Januar 1956 steht am Schluss: „Der Prozess soll in der Zeit vom 24.–27.1.1956 vor dem OG durchgeführt werden. Die Justizkommission hat über die Strafhöhe beraten und schlägt vor: Gegen Held und Rudert Todesstrafe, gegen Halm 15 Jahre bzw. lebenslänglich Zuchthaus, gegen Sachße 8 – 10 Jahre Zuchthaus."

In Artikel 127 der DDR-Verfassung von 1949 heißt es hierzu lapidar:

„Die Richter sind in ihrer Rechtsprechung unabhängig und nur der Verfassung und dem Gesetz unterworfen."

Die Richter des Obersten Gerichts übernahmen also am 27. Januar 1956 nur die Rolle von ausführenden Organen, die eine längst von anderer Seite getroffene Entscheidung als eigene ausgaben, als sie den Schuldspruch verkündeten.[79] Dabei erhielten Eva Halm lebenslanges Zuchthaus und Joachim Sachße acht Jahre Zuchthaus. Für Max Held und Werner Rudert ging das Strafverfahren insoweit noch glimpflich aus, als am 8. Februar 1956 im Wege einer Gnadenentscheidung des Präsidenten der DDR die Todesstrafen in lebenslange Haft umgewandelt wurden. Beide kamen 1964 im Rahmen des beginnenden Freikaufs in die Bundesrepublik.

Am 27. Mai 1992 rehabilitierte das Landgericht Berlin im Wege der Kassation (Aufhebung) die vier Verurteilten, da die mit dem Rehabilitierungsantrag angegriffene Entscheidung des Obersten Gerichts der DDR aus dem Jahre 1956 „auf einer schwer wiegenden Verletzung des Rechts" beruhe. „Zum Zeitpunkt der Verurteilung war eine Strafbarkeit der den Betroffenen zur Last gelegten Spionagehandlung auf dem Gebiet der DDR nicht gegeben. Die Heranziehung der Bestimmung des Artikel 6 der Verfassung stellt eine im Strafrecht verbotene Analogie dar; die Norm hatte einen anderen Regelungszweck. Das Oberste Gericht (OG) hätte die Betroffenen daher wegen dieser Handlung nicht verurteilen dürfen."[80]

Während es in anderen Rechtsbereichen zulässig ist, Lücken in der Rechtsordnung im Wege der Analogie zu schließen, das heißt auf einen bisher nicht geregelten Fall eine Rechtsnorm mit rechtsähnlichem Tatbestand anzuwenden (analog), gilt für das Strafrecht ein striktes Analogieverbot, so weit eine

Auf der Anklagebank (von rechts, hintere Reihe) Max Held, Werner Rudert, Eva Halm und Joachim Sachße, 24. Januar 1956

Quelle: SAPMO-BArch DY30/J IV 2/2/57

Protokoll Nr. 3/56

der Sitzung des Politbüros des Zentralkomitees am 17. Januar 1956

im Zentralhaus der Einheit, Großer Sitzungssaal

Tagesordnung:
1. Protokollbestätigung
2. Delegation zur Teilnahme am XX. Parteitag der KPdSU
   Berichterstatter: Genosse Ulbricht
3. Delegation zur Teilnahme am Parteitag der Kommunistischen Partei Indiens am 8. März 1956
4. Stellungnahme zum Entwurf des Staatshaushaltsplanes 1956
   Berichterstatter: Genosse Rumpf
5. Beschluß über die Erweiterung der Befugnisse der Industrieminister, der HV-Leiter und Werkleiter auf dem Gebiete der Finanzen
   Berichterstatter: Genosse Rumpf
6. Beschluß über die Änderung der Bestimmungen des Direktorfonds
   Berichterstatter: Genosse Rumpf
7. Vorlage über die erweiterte Kreditfinanzierung zur Einführung der neuen Technik
   Berichterstatter: Genosse Rumpf
8. Maßnahmen zur Verwaltungsvereinfachung in Volkseigenen Betrieben
   Berichterstatter: Genosse Rumpf
9. Erweiterung der Rechte der Minister, Staatssekretäre

   Republik
   Berichterstatter: Genosse Mückenberger
18. Perspektive und Ökonomik des Industriezweiges Automobil- und Traktorenbau
   Berichterstatter: Genosse Lang
19. Beratung mit den Botschaftern
20. Strafverfahren gegen R u d e r t und Andere
21. Information des Genossen Ulbricht über Vorgänge bei der Bahnhofsmission

---

Anwesende Mitglieder: Grotewohl, Ulbricht, Matern, Oelßner, Ebert, Rau, Stoph, Schirdewan, Reimann

Anwesende Kandidaten: Mückenberger, Warnke, Leuschner, Neumann

Es fehlten entschuldigt: Pieck
Honecker

Zur Sitzung hinzugezogen:

Zu Punkt 4 bis 15: Fritz Müller, Sandig, Rumpf, Martin Schmidt

Zu Punkt 6: Otto Lehmann

20. Strafverfahren gegen <u>R u d e r t und Andere:</u>

Der Bericht in der Strafsache wird zur Kenntnis genommen.
Die Bezeichnung "als Abwerber" wird als falsch erklärt. Die Verhandlung hat gegen die Angeklagten als Spione zu erfolgen.

Analogie zuungunsten des Angeklagten ausschlagen würde. Der dem Recht Unterworfene, der bei der Verletzung von Strafrechtsnormen mit erheblichen Eingriffen in seine Rechte zu rechnen hat, muss die Möglichkeit haben, genau zu wissen, welches Tun oder Unterlassen mit Strafe bedroht ist. Daher werden in zivilisierten Rechtsordnungen erhöhte Anforderungen an die Bestimmtheit von Strafrechtsnormen gestellt.

Weitere zwei Jahre später, 1994, äußerten sich Rudert und Sachße als Zeugen im Rechtsbeugungsstrafverfahren gegen den damaligen OG-Richter, der an ihrer Verurteilung beteiligt gewesen war, vor dem Landgericht Berlin zu den 1956 gegen sie erhobenen Vorwürfen und zur Vorbereitung des damaligen Verfahrens.

Beide waren vor der damaligen Hauptverhandlung zum „kooperativen Verhalten" ermahnt worden. Gegenüber Rudert hatte ein Vernehmungsbeamter erklärt, „dass er ohnehin ›seine Rübe verlieren würde‹, dass aber seine ebenfalls inhaftierte Frau mit einer Strafe von nur acht Jahren Zuchthaus davonkommen würde, wenn in der Hauptverhandlung alles so liefe, wie es sich die Staatsanwaltschaft vorstelle."[81] Und auch sein Verteidiger, so Rudert, hätte geraten, sich im Interesse seiner Ehefrau geständig zu zeigen.

Ähnlich äußerte sich Sachße. Er war kurz vor Prozessbeginn dem Generalstaatsanwalt Melsheimer vorgeführt worden. „Als er diesem gegenüber den Anklagevorwurf zurückwies, erklärte ihm Melsheimer, dass er mit der doppelten Strafe zu rechnen habe, wenn er sich nicht an die Anklage halte. Auch seine Verteidigerin (...) habe ihm dringend geraten, sich an die Anklageschrift zu halten."

Beide Zeugen bestritten im übrigen den Vorwurf, Personen zur Flucht aus der DDR überredet zu haben, räumten aber ein, in Kontakt mit geflüchteten ehemaligen Kollegen gewesen zu sein; Rudert bestätigte 1994, dass er von 1951 bis 1955 die monatlichen Produktionsziffern des volkseigenen Betriebes Radio und Fernsehtechnik weitergegeben habe, verwies aber darauf, dass es zum großen Teil Angaben waren, die auch in Taschenkalendern nachlesbar gewesen wären, die sein Betrieb während der Leipziger Messe ausgelegt habe.

Intern blieb die Sichtweise des Problems der „Abwerbung" auch weiterhin realistisch, wie der „Bericht der zentralen Strafverfolgungsorgane der DDR über die Bewegung und Bekämpfung der Kriminalität im Jahre 1960" belegt. Hier ist zu lesen:

„Ein großer Teil der Abwerber sind Jugendliche, die selbst illegal die DDR verlassen und, weil sie nicht allein gehen wollen, jugendliche Personen ansprechen und in diese Richtung beeinflussen. Es wurden wenige Fälle festgestellt, wo im Auftrage von Agentenorganisationen und zum Zwecke des Dienstes in Söldnerformationen Bürger der DDR abgeworben werden. Nach wie vor verlassen besonders Angehörige der technischen, medizinischen und pädagogischen Intelligenz illegal die DDR und versuchen von Westdeutschland aus durch Briefe und mündliche Aufforderungen, ganze Gruppen aus ihrem ehemaligen Tätigkeitsbereich zum illegalen Verlassen der DDR zu verleiten."[82] Dass bundesdeutsche Firmen mehr oder weniger offen um Arbeitskräfte und Experten aus der DDR warben – respektive in die Bundesrepublik geflohene ehemalige Kollegen den Zurückgebliebenen den Weg in die Bundesrepublik schmackhaft machten –, muss nicht in Abrede gestellt werden, um Strafverfahren in diesem „Deliktbereich" als ein besonderes Phänomen der politischen Justiz und des politischen Systems der DDR zu sehen. In einer politischen und

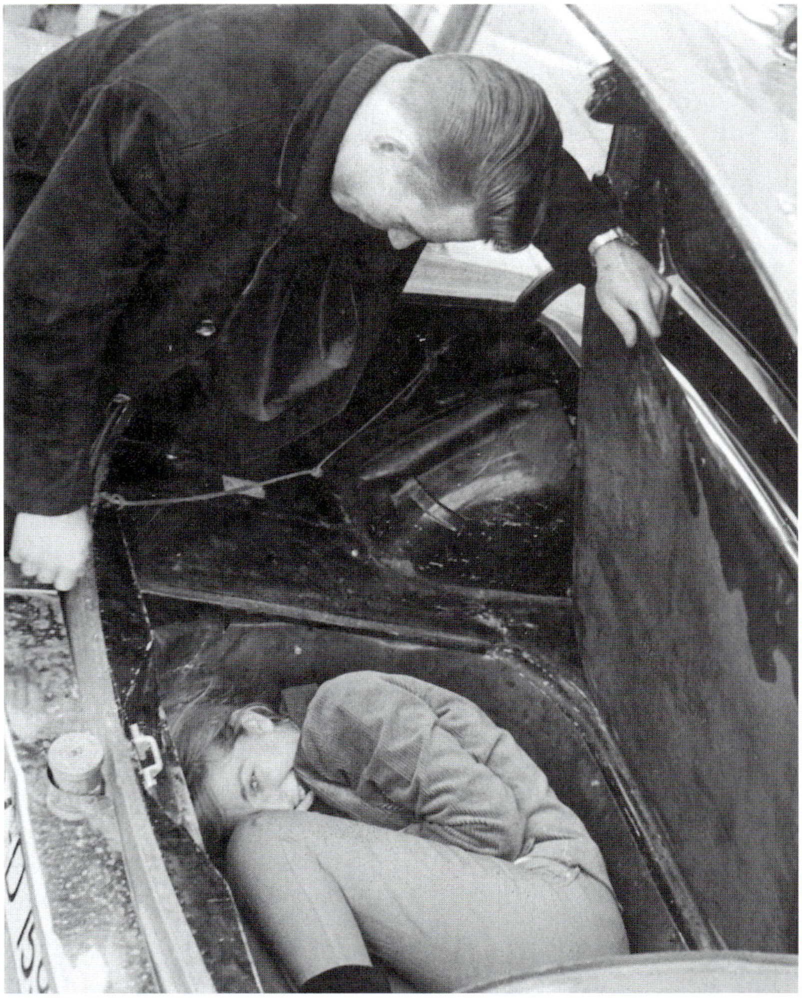

„Republikflucht" im Kofferraum: Die heimliche Ausreise gelang am 5. November 1964 über die tschechoslowakische Grenze

Wirtschaftsordnung, die ihren Bürgern das Recht auf Ausreise nicht verweigert, ist die (Ab-)Werbung von Arbeitskräften ein völlig normaler, prinzipiell außerhalb staatlicher Eingriffe liegender Vorgang des Konkurrenzkampfes auf dem Arbeitsmarkt. Nur ein System, das die Bewohner des Herrschaftsgebietes als „Staatseigentum“ betrachtet – wie beispielsweise im 18. Jahrhundert hessische Kurfürsten, die ihre Landeskinder als Söldner an die englische Krone für deren Kampf gegen die Unabhängigkeitsbestrebungen Amerikas verkauften –, kann die Werbung für die Ausreise zum Verbrechen erklären.

Die strafrechtliche Ahndung der Republikflucht

Dem MfS reichte es nicht, dass nach dem Mauerbau Tausende beim Versuch, die Grenze zu überwinden, gefasst wurden. Um möglichst hohe Festnahmeerfolge als Beweise ihrer „Wachsamkeit“ vorweisen zu können, halfen die MfS-Genossen und ihre inoffiziellen Mitarbeiter noch nach. Am 15. Dezember 1962 beschwerte sich Generalstaatsanwalt Streit beim Minister für Staatssicherheit, Erich Mielke, über diese Praktiken und nannte fünf Fälle, in denen DDR-Bewohnern eine Möglichkeit zur Flucht vorgegaukelt wurde, um sie beim Fluchtversuch festnehmen zu können.

Zum Beispiel schilderte der Generalstaatsanwalt folgenden Fall im Bezirk Gera: „So hat am 27.8.1962 der Bürger F. R. aus Saalfeld bei der Kreisdienststelle des MfS mitgeteilt, dass er von einem Arbeitskollegen aus Neustadt aufgefordert worden sei, ihm beim illegalen Verlassen der DDR zu helfen. R. war ehemaliger Angehöriger der Grenzpolizei. Mit Wissen der Bezirksverwaltung des MfS wurden dann Maßnahmen eingeleitet, die unter anderem auch zu einem Treffen des R. mit den Personen führten, die die Grenze überschreiten wollten. R. forderte 5.000 DM und nahm dann die Führung bis an die Grenze vor, wo er sich verabschiedete und die anderen Personen festgenommen wurden.

In allen diesen Fällen wäre es unsere Aufgabe gewesen, die betreffenden Personen von ihrem Vorha-

Dieses Foto vom „Sprung in die Freiheit“ im August 1961 ging um die Welt

Am 18. Oktober 1963 gelang einem Grenzsoldaten mit einer Planierraupe die Flucht nach West-Berlin

ben abzuhalten, statt ›nachzuhelfen‹."[83] Besonders verbittert und hart reagierte die Justiz, wenn Angehörige der „bewaffneten Organe", also des Ministeriums für Staatssicherheit, der Nationalen Volksarmee, der Grenztruppen und der Volkspolizei, versuchten, in die Bundesrepublik zu fliehen. So war es im Einsatzraum Berlin zwischen dem 13. August und dem 10. September 1961 64 Männern gelungen, beim Grenzeinsatz die Hindernisse zu überwinden und nach West-Berlin zu flüchten.[84]

In einer „Wochenmeldung" über Verfahren von besonderer Bedeutung an das Justizministerium vom 13. Oktober 1961 wird über ein Verfahren vor dem Bezirksgericht Suhl berichtet: „Dieses Verfahren ist für den Bezirk deshalb von Bedeutung, weil in letzter Zeit wiederholt ehemalige Angehörige der deutschen Grenzpolizei fahnenflüchtig wurden und sich Fälle von Befehlsverweigerung häuften."[85]

Leiteten die Militärstaatsanwälte der DDR im ersten Halbjahr 1961 insgesamt nur 65 Strafverfahren wegen Delikten nach den §§ 19 (Staatsgefährdende Propaganda und Hetze), 20 (Staatsverleumdung), 35 (Befehlsverweigerung) und 36 (Angriffe auf Vorgesetzte) StEG ein, so waren es in den ersten vier Wochen nach dem 13. August bereits 114 Verfahren.[86] Bis Juni 1963 fanden die Verhandlungen vor den ordentlichen, allerdings nur vor ausgewählten Gerichten statt – eine faktische Sondergerichtsbarkeit also auch in diesem Bereich.[87] Ab Juli 1963 gab es in der DDR eine eigene Militärgerichtsbarkeit.

Eines der letzten Urteile eines ordentlichen Gerichts vor Beginn der Militärgerichtsbarkeit gegen Angehörige der „bewaffneten Organe" wurde am 25. Mai 1963 vom Bezirksgericht Magdeburg verkündet. Es galt acht Angehörigen der Bereitschaftspolizei, denen der Vorwurf gemacht wurde, Westsender gehört, zur Fluchtvorbereitung Waffen entwendet, den Tatbestand der Fahnenflucht vollendet und „staatsgefährdende Gewaltakte in Tateinheit mit staatsgefährdender Propaganda und Hetze im schweren Fall" begangen zu haben. Zwei Versuche des Grenzdurchbruchs waren bereits im Vorfeld abgebrochen worden. Zu Gewaltakten konkreter Art war es nicht gekommen. Gleichwohl endete das Verfahren mit Haftstrafen zwischen einem und acht Jahren Zuchthaus.[88]

2.12 Fluchthelferprozesse

Frontstadtterrorist auf der Anklagebank

Prozeß vor dem Obersten Gericht der DDR / Der Republikflüchtige Seidel organisierte bewaffnete Grenzdurchbrüche / Bonner Dienststellen aktiv an den Anschlägen beteiligt / Westberliner Polizei gab Feuerschutz / Ultras wollen gefährliche Konflikte

Von unseren Prozeßberichterstattern Ursula Rebetzky und Günter Böhme

Berlin (ND). Vor dem Obersten Gericht der DDR begann am Donnerstag der Prozeß gegen den Westberliner Terroristen Harry Seidel, 24 Jahre, Zeitungsfahrer beim Westberliner „Tagesspiegel".

Der Terrorist wird vom Generalstaatsanwalt der DDR, Josef Streit, angeklagt, allein und als leitendes Mitglied einer Westberliner Terrororganisation durch planmäßige und meist mit Waffengewalt durchgeführte Grenzprovokationen den Frieden gefährdet und die Grundlagen der DDR angegriffen zu haben.

Bereits am ersten Tag der Hauptverhandlung ergab die Beweisaufnahme durch den Präsidenten des Obersten Gerichts der DDR, Dr. Toeplitz, und seine Beisitzer, Oberrichterin Lucie Ehrenwall und Richter Heinz Gräf:

Der Angeklagte Seidel, der am 13. August 1961 illegal die DDR verlassen hatte, sagte unter anderem aus, daß er an sieben gewaltsamen Grenzdurchbrüchen mit dem Ziel teilnahm, Angriffe auf die DDR-Grenzsicherungskräfte zu unternehmen, Grenzsicherungsanlagen zu zerstören und systematisch den Menschenraub zu organisieren.

Die Beweisaufnahme machte deutlich, daß die Bonner und Westberliner Ultras immer wieder versuchen, unter Bruch des Völkerrechtes und mit Hilfe ihrer Dienststellen und ihrer Polizei Provokationen gegen die DDR zu starten und größere Konflikte auszulösen.

Angeklagter Seidel: „Beim Bau eines Tunnels kam unsere Gruppe mit dem Verfassungsschutz in Verbindung, und von dort erhielten wir Hinweise." Und an anderer Stelle: „400 Meter vom Tunneleingang entfernt standen zwei Wagen mit Bereitschaftspolizisten, die gegebenenfalls Feuerschutz geben sollten."

Angeklagter Seidel: „Bei Besprechung mit der Girrmann-Gruppe wurde festgelegt, daß wir die beiden Maschinenpistolen zum Grenzdurchbruch mitnehmen."

Vorsitzender Dr. Toeplitz: „Und sie sollten benutzt werden?"

Angeklagter Seidel: „Ja, wir hätten sie benutzt."

Nur den Sicherheitsorganen der DDR ist es zu danken, daß es zu keinen umfassenderen Provokationen kam, die auch zu einer großen Gefahr für die Westberliner Bevölkerung geführt hätten.

Der Angeklagte Seidel, der dank der großzügigen Förderung durch die DDR Leistungssportler werden konnte, später die DDR verriet und schließlich zahlreiche Verbrechen gegen unseren Staat beging, ist nach dem Gesetz zum Schutze des Friedens angeklagt.

Der erste Verhandlungstag, den viele Pressevertreter, Berliner Werktätige und Angehörige der Grenzsicherungskräfte mit großer Aufmerksamkeit verfolgten, endete nach Beweisaufnahme und Zeugenvernehmung mit der Abgabe des Gutachtens durch Prof. Dr. Steiniger. Er erklärte: „Die Aktionen, für die der Angeklagte sich zu verantworten hat, tragen den Charakter der völkerrechtlich diskriminierenden Kriegshetze und Aggressionspropaganda." Die Hauptverhandlung wird am heutigen Freitag fortgesetzt. (Ausführlicher Prozeßbericht auf Seite 2)

Das Oberste Gericht der DDR. Präsident Dr. Heinrich Toeplitz führt den Vorsitz im Prozeß gegen den Terroristen Seidel. Neben ihm Oberrichterin Lucie Ehrenwall und Richter Heinz Gräf. Links der Angeklagte, vor ihm sein Verteidiger, Rechtsanwalt Klose

Foto: ZB/Hesse

Faksimile eines Artikels in „Neues Deutschland" vom 28. Dezember 1962

„Frontstadtterrorist auf der Anklagebank" – unter dieser Überschrift berichtete „Neues Deutschland" am 28. Dezember 1962 ausführlich über einen Schauprozess vor ausgewählten Soldaten der Grenztruppen. Vor Gericht stand der 24jährige Harry Seidel, einst zum engeren Kreis jener DDR-Radsportler zählend, deren sportliche Leistungen die Hoffnung weckten, zum Olympiakader des DDR-Radsports zu werden.[89]

Es war das dritte Verfahren in einer Prozessserie vor dem Obersten Gericht, mit der die Bevölkerung West-Berlins und der Bundesrepublik abgeschreckt werden sollte, Fluchtwilligen in der DDR zu helfen. Entsprechend wurden die Prozesse in DDR-Medien ausführlich vorgestellt und die Urteile im Fachblatt „Neue Justiz" veröffentlicht.[90]

Aus einer Familie kommend, die in der Zeit der Nazidiktatur nicht das Risiko gescheut hatte, jüdischen Bürgern zu helfen, wurde Harry Seidel in den 50er Jahren immer unzufriedener mit dem politischen System der SED. Der gelernte Elektromonteur aus Ost-Berlin nutzte in der Nacht vom 13. zum 14. August 1961 spontan eine Gelegenheit, nach West-Berlin zu flüchten. Fortan waren alle seine Anstrengungen darauf gerichtet, Frau und Kind schnellstens nachzuholen. Am 3. September 1961 überwand er im Schutz der Dunkelheit heimlich die Grenze in der Nähe der S-Bahn-Brücke Puderstraße, rief von Ost-Berlin aus seine auf ein Zeichen wartende Frau an und schleuste sie und das vier Monate alte Kind nach West-Berlin.

Doch es warteten noch weitere Freunde und Verwandte auf eine Gelegenheit zur Flucht; immer abenteuerlicher und riskanter wurden Harry Seidels Anstrengungen, Fluchtwilligen zu helfen. Mehrfach kehrte er nach Ost-Berlin zurück, bis er am 4. Dezember 1961 zum ersten Mal verhaftet wurde und nach einem Verhör durch die Stasi über Nacht im Berliner Zeughaus eingesperrt wurde. Er sprang aus dem hochgelegenen Fenster des ersten Stocks und konnte wieder erfolgreich die schon weitaus stärker als im September 1961 ausgebaute Grenze überwinden.

Fluchttunnel von 1962, durch den 29 Personen nach West-Berlin entkamen

An der Mauer waren bereits die ersten Flüchtenden erschossen worden; die Fluchthilfe wurde immer riskanter. Doch Harry Seidel machte weiter, baute mit Freunden verschiedene Tunnel, durch die er Fluchtwillige nach West-Berlin brachte. Es gelang eine ganze Zahl weiterer Fluchtunternehmen; mehr als 150 Bewohner der DDR konnten mit Hilfe von Harry Seidel das in Artikel 10 der Verfassung des Jahres 1949 garantierte Recht, „auszuwandern", so in Anspruch nehmen.

Verrat durch einen „Inoffiziellen Mitarbeiter", also einen Spitzel des MfS, führte am 14. November

Dieser Tunnel unter der Bernauer Straße ermöglichte 1964 57 Menschen die Flucht in den Westen

„Der in Berlin lebende Inder Zutshi und die Frau des in Ost-Berlin zu lebenslänglich Zuchthaus verurteilten Fluchthelfers Harry Seidel begannen gestern Vormittag wenige Meter vom Sektoren-Grenzübergang Heinrich-Heine-Straße entfernt eine einwöchige Demonstration. Zusammen mit Mitgliedern der von Zutshi gegründeten Satyagraha-Gesellschaft wollen sie Tag und Nacht Plakate zeigen, auf denen Freiheit für Harry Seidel und andere Sowjetzonen-Häftlinge gefordert wird. Zutshi erklärte, er habe für die Demonstration die Osterfeiertage gewählt, um die Besucher aus Westdeutschland auf das Unrecht in der Zone hinzuweisen."

›Der Tagesspiegel‹ vom 12. April 1963

1962 dazu, dass Harry Seidel bei einer erneuten „Tunnelaktion" auf Ost-Berliner Seite bereits vom MfS erwartet und festgenommen wurde. Eine Schusswaffe, die er bei sich trug, setzte er nicht ein.

Während ansonsten in einer Vielzahl so genannter „Menschenhändler"-Prozesse in diesen Monaten die DDR-Justiz Fluchthelfer immer gruppenweise zu langen Haftstrafen verurteilte, erhielt Harry Seidel das zweifelhafte Privileg, in einem dreitägigen Schauprozess vor dem Obersten Gericht der DDR unter Vorsitz des OG-Präsidenten, Dr. Toeplitz, zu lebenslanger Haft verurteilt zu werden.

Für dieses Verfahren griff das Oberste Gericht auf ein älteres, äußerst selten angewandtes Gesetz zurück: Das „Gesetz zum Schutze des Friedens" vom 15. Dezember 1950. Wie andere Prozesse sollte auch dieses Verfahren den propagandistischen Nachweis erbringen, dass nicht die politische Unzufriedenheit mit den Verhältnissen in der DDR, sondern westdeutsche Propaganda und Hetze Bewohner der DDR veranlasst hätten, das tödliche Risiko der Flucht einzugehen. So heißt es in einer Passage des Urteils: „Die von dem Angeklagten begangenen Verbrechen stellen die unmittelbare Verwirklichung der aggressiven Gewaltpolitik der revanchistischen und militaristischen Kreise der Bonner Regierung und des West-Berliner Senats dar, die die Welt in die Katastrophe eines mit Atom- und Raketenwaffen geführten dritten Weltkrieges zu stürzen droht. (...) Die staatlich organisierte systematische Unterminierung der Staatsgrenze der DDR durch planmäßige Überfälle, systematische Zerstörung von Grenzsicherungsanlagen und Ausschleusung von Staatsbürgern der DDR ist daher (...) Kriegsvorbereitung und Aggression."[91]

Seit der Verurteilung Harry Seidels nutzte seine Frau, unterstützt von Freunden und Sympathisanten, jede nur denkbare Möglichkeit, auf das Schicksal ihres Mannes aufmerksam zu machen.

Auch italienische Parlamentarier setzten sich in Schreiben an den Staatsrat der DDR für die Freilassung von Harry Seidel ein; schließlich gelang der Bundesregierung 1966 der Freikauf.

Am 13. September 1966 konnte Harry Seidel das Zuchthaus in Brandenburg verlassen. Rechtsanwalt Vogel brachte ihn persönlich nach West-Berlin.

3 Die Ära Honecker 1971–1989

Am 3. Mai 1971 fasste das ZK der SED auf seinem 16. Plenum den Beschluss, „der Bitte Walter Ulbrichts zu entsprechen und ihn aus Altersgründen von seiner Funktion als Erster Sekretär des ZK der SED zu entbinden". Man hatte sich bei der KPdSU zuvor die Genehmigung zum Sturz Ulbrichts eingeholt; es begann die Ära Honecker (s. Seite 100), die erst im Oktober 1989 enden sollte.

Erich Honecker übernimmt 1971 als Nachfolger von Walter Ulbricht die politische Führung der DDR

Nach der Abschottung der DDR durch den Mauerbau im Jahre 1961 und in dem Maße, wie sich die DDR um internationale Anerkennung bemühte, hatte die SED bereits seit 1963 den Terror mit justiziellen Mitteln, wie er vor allem in den 50er Jahren praktiziert wurde, aufgegeben. Selbst in der juristischen Fachpresse der DDR erschienen kaum noch politische Urteile - und wenn, dann nur noch über Fluchthelfer. Zwar gerieten auch in der Ära Honecker jährlich Tausende Bürger - vor allem im Zusammenhang mit Versuchen, die DDR zu verlassen - in die Mühlen der politischen Justiz. Doch mehr und mehr ersetzten die verdeckten Instrumente des MfS, die alle Opposition zersetzen sollten, jene juris-

Die Rolle der Staatssicherheit

Aus der Diplomarbeit eines MfS-Hauptmannes an der Juristischen Hochschule des MfS in Potsdam-Eiche zum Thema: „Der erfolgreiche Abschluss von OV (operativen Vorgängen) durch Maßnahmen der Zersetzung gegen feindlich-negative Gruppen/Gruppierungen...", geschrieben 1986:

„Die Anwendung von Maßnahmen der Zersetzung unterstützt in spezifischer Weise die Politik der Partei- und Staatsführung. Die Bekämpfung von politischer Untergrundtätigkeit ist unter den gegenwärtigen Bedingungen der internationalen Klassenkampfsituation vor allem eine politische Frage und deshalb auch vorrangig mit politischen Mitteln und Methoden zu führen. Mit der Zersetzung von feindlich-negativen Gruppierungen und feindlich-negativen Kräften als Methode der Verunsicherung und Auslösung von Zweifel an der Zweckmäßigkeit ihres Handelns bis zur eventuellen und angestrebten Aufgabe ihrer feindlich-negativen Pläne, Absichten und Maßnahmen sollen den Verzicht auf strafrechtliche Sanktionen aus rechtspolitischen und politischen Gründen ermöglichen. Damit werden unter anderem die vom Feind angestrebten offenen Konfrontationen innerer negativ-feindlicher Kräfte mit dem sozialistischen Staat, die er zur internationalen Diffamierung des realen Sozialismus braucht, ausgeschaltet und politisch-ideologische Kampagnen, wie zum Beispiel der angeblichen ständigen Verletzung der Menschenrechte, die Grundlage entzogen. Gleichermaßen wird der durch feindliche Stellen und Kräfte angestrebte Nachweis einer so genannten Opposition auf dem Gebiet der DDR durch die rechtzeitige Zersetzung von ersten Versuchen des Zusammenschlusses feindlich-negativer und oppositioneller Kräfte im Keime erstickt und der Boden entzogen."[92]

tische Terrorpraxis der 50er Jahre. Die in dieser Verschiebung von der politischen Justiz zum MfS sich ausdrückende Logik ist musterhaft viele Jahre später in einer Arbeit formuliert, mit der 1986 ein Mitarbeiter des MfS ein Diplom an der Juristischen Hochschule des MfS erwarb.

Um der „internationalen Diffamierung des realen Sozialismus" durch Berichte über politische Strafverfahren in der DDR den Boden zu entziehen, sollte deren Zahl möglichst zurückgeschraubt werden und die Bekämpfung der Opposition vor allem mit den verdeckten „Zersetzungsmethoden" des MfS erfolgen.

Die unterdrückenden Maßnahmen des politischen Systems beschränkten sich mithin nicht auf die politischen Urteile der Justiz. Letztere waren nur der sichtbarste Teil der Zwangsmaschinerie. Gerade deshalb ging ihre Bedeutung seit Mitte der 60er Jahre zurück, ohne indes unwichtig zu werden. Mehr und mehr wurde statt dessen die Repression im Vorfeld strafrechtlicher Drangsalierung ausgebaut, vermittels der Zersetzungsmethoden des MfS, vermittels des Bestrafungsprivilegs der SED und der von ihr kontrollierten Blockparteien und Massenorganisationen. In der Sprache des MfS hieß diese Vorverlagerung der „konzentrierte Einsatz aller geeigneten Kräfte, Mittel und Methoden, die zielstrebige Ausschöpfung aller politisch-operativen Möglichkeiten des MfS und der Möglichkeiten anderer Schutz- und Sicherheitsorgane, staatlicher und wirtschaftsleitender Organe, Betriebe, Kombinate und Einrichtungen sowie gesellschaftlicher Organisationen und Kräfte (...)"[93].

Friedrich Ebert, Politbüromitglied und 1948 bis 1967 Oberbürgermeister von (Ost-)Berlin

Diese Zusammenarbeit der staatlichen Zwangsapparate mit den so genannten gesellschaftlichen Organisationen fand 1977 ihren Ausdruck unter anderem in einer gemeinsamen „Orientierung des Obersten Gerichts, des Generalstaatsanwalts und des Bundesvorstandes des FDGB (Freier Deutscher Gewerkschaftsbund der DDR) zur einheitlichen Behandlung arbeitsrechtlicher Probleme, die sich ergeben können, wenn Bürger die Absicht zur Übersiedlung in die BRD verfolgen"[94].

Die Vereinbarung hatte zur Folge, dass Ausreiseantragsteller in der Regel sofort ihre Arbeitsstelle verloren. Vermutlich spekulierte man darauf, dass die daraus folgenden Probleme manchen zur Rücknahme seines Antrags bewegen würde.

Wer so seine Arbeit verlor, erhielt sozusagen Berufsverbot: Er konnte keinen Ausweg in die private Wirtschaft oder in eine selbstständige berufliche Existenz wählen. Als letzter Ausweg blieb einigen, Hilfe bei den Kirchen zu suchen. Manche beruflich hochqualifizierten Ausreisewilligen mussten sich längere Zeit als Friedhofsgärtner oder mit ähnlichen Tätigkeiten über Wasser halten.

Erich Honecker nahm als Erster Sekretär des Zentralkomitees (ZK) der SED fortan das bisher nur Ulbricht zugestandene Privileg in Anspruch, als „Einzelrichter" des heimlichen Obersten Gerichts der DDR, nämlich des Politbüros, über Todesurteile zu befinden.

So fragte zum Beispiel mit Datum vom 10. Februar 1972 Generalstaatsanwalt Streit bei Honecker in dessen Funktion als „Erster Sekretär des ZK der SED" an, ob er ein Todesurteil beantragen dürfe. Im Wortlaut: „Ich beabsichtige, die Todesstrafe beantragen zu lassen, und bitte um Zustimmung."

Honecker setzte seinen Namenszug in die obere rechte Ecke des Schreibens; das Todesurteil wurde beantragt, ausgesprochen und vollzogen.[95]

Dies war kein Einzelfall: Am 12. Januar 1973 schickte Friedrich Ebert – zu diesem Zeitpunkt im ZK für Rechtsfragen verantwortlich – eine Mitteilung an Honecker. Ebert fragte an: „Ich bitte um Kenntnisnahme und um Rückäußerung zu der Absicht, der Staatsanwaltschaft die Höchststrafe (Todesstrafe) in dem bevorstehenden Prozess

ZENTRALKOMITEE
HAUSMITTEILUNG

An	Mitglied des Politbüros	Diktatzeichen	Datum	Erledigungsvermerk
den 1. Sekretär Genossen Erich Honecker	Friedrich Ebert		12.1.73	
Betr.				

Werter Genosse Honecker!

Als Anlage übersende ich eine Information der Abteilung Staats- und Rechtsfragen zu dem Strafverfahren gegen den Angestellten Albert S.[redacted].

Ich bitte um Kenntnisnahme und um Rückäußerung zu der Ansicht, der Staatsanwaltschaft die Höchststrafe (Todesstrafe) in dem bevorstehenden Prozeß zu ~~empfehlen~~ beantragen

Einverstanden
EHonecker
12.1.73

Mit sozialistischem Gruß

Ebert

Ebert

Anlage

Quelle: SAPMO-BArch, DY 30/IV 2/2031/12

zu empfehlen."[96] Im Stile Ulbrichts strich Honecker das Wort „empfehlen" durch und ersetzte es durch: „beantragen, Einverstanden, Honecker, 12.1.73".

Staatsanwalt und Gericht folgten, das Urteil wurde vollstreckt.

Artikel 5, Absatz 3 der Verfassung von 1968 lautet: „Zu keiner Zeit und unter keinen Umständen können andere als die verfassungsmäßig vorgesehenen Organe staatliche Macht ausüben."

Wie für das Jahr 1973, so finden sich bis zum Ende des SED-Regimes Dokumente, die Festlegungen der Parteiführung für strafrechtliche Einzelentscheidungen in jedem Verfahrensstadium belegen, wenngleich nicht mehr in der Überlieferungsdichte wie zu Zeiten Walter Ulbrichts.

3.1 Republikflucht und Anträge auf Ausreise

Wie bereits in der „Ära Ulbricht" nach dem Bau der Mauer, blieb auch in der Honecker-Ära der Versuch, die DDR zu verlassen, das herausragende „Grunddelikt", mit dem sich die politische Strafjustiz zu befassen hatte. Neben den so genannten „Sperrbrechern", die mit Gewalt oder List versuchten, die tödliche Grenze zu überwinden, waren es vor allem die Ausreiseantragsteller, von denen Jahr für Jahr Tausende in Haft genommen wurden, weil sie in unterschiedlichsten Formen ihrem Antrag Nachdruck verliehen hatten, um eine Chance auf Ausreise zu haben. Wie in der Tat das SED-Herrschaftssystem davon abhing, dass die Bevölkerung mit allen Mitteln gehindert wurde, das Land zu verlassen, zeigte sich 1989. Die Massenflucht nach dem Riss des „Eisernen Vorhangs" in Ungarn und über die damalige ČSSR war der Anfang vom schnellen Ende der SED-Herrschaft.

Hier ist von strafrechtlichen Maßnahmen gegen Flüchtlinge und Ausreiseantragsteller die Rede. Doch ist daran zu erinnern, dass das härtestmögliche Vorgehen gegen Flüchtlinge nicht von Justizfunktionären, sondern in den Grenzanlagen direkt „vollzogen" wurde – mit tödlichen Schüssen auf Flüchtende und im Splitterhagel von Minen und Selbstschussanlagen. Mehrere hundert DDR-Bewohner wurden Opfer dieser Form der unmittelbaren Bestrafung des „ungesetzlichen Grenzübertritts".

Gescheiterter Fluchtversuch im September 1971 an der Lindenstraße in Berlin-Kreuzberg

Todesopfer an der Grenze und Haftstrafen wegen § 213 StGB (ungesetzlicher Grenzübertritt) 1971 – 1989[97]

Jahr	Anzahl „Täter", gegen die ermittelt wurde	Zum Freiheitsentzug Verurteilte	Tote an der Grenze
1971	4.495	2.991	21
1972	2.887		7
1973	3.468		9
1974	3.141		4
1975	3.282		3
1976	2.798		7
1977	3.371		4
1978	3.092		6
1979	2.817	1.781	2
1980	3.274	2.067	2
1981	2.898	1.865	4
1982	2.778	1.847	3
1983	2.910	1.800	2
1984	2.868	1.800	6
1985	2.324	1.329	1
1986	2.822	1.213	5
1987	5.696	1.763	7
1988	9.169	2.337	1
1989	–	2.569	3

Todesfälle an der Grenze: Mindestzahlen, Fälle um Berlin und an der innerdeutschen Grenze (bei Fluchtversuch erschossen; durch Minen u. Selbstschussanlagen getötet; ertrunken; tödlich verunglückt)

Der Kampf gegen Ausreiseantragsteller

Ein Herrschaftsgebiet aus welchen Gründen auch immer zu verlassen oder verlassen zu wollen, ist politisch gesehen zunächst ein passiver Akt. Diese Menschen wollen nichts mehr am Herrschafts- oder Gesellschaftssystem ändern; sie suchen ihren privaten, persönlichen Ausweg aus sie bedrängenden, ihnen nicht lebenswert erscheinenden Bedingungen.

Erst die Verweigerung des Rechts auf Ausreise, die Verwandlung des Ausreiseantrags zum Beweisstück krimineller Absichten, transformiert den eher vorpolitischen Akt der privaten Abwanderung (oder Republikflucht) zur öffentlichen Handlung, zwingt Menschen zum politischen Widerspruch; veranlasst sie, sich zusammenzuschließen, und verstärkt so die politische Opposition gegen ein Regime.[98]

Bis 1983 war die Behandlung von Ausreiseanträgen völlig unkalkulierbar und ungeregelt, jedes Übersiedlungsersuchen als grundsätzlich rechtswidrig gekennzeichnet, Entscheidungsverfahren blieben für die Betroffenen völlig undurchschaubar. Nur so weit Menschen als Arbeitskräfte wertlos geworden waren (Invalidisierte, Rentner), ließ man sie als dem Sozialismus zur Last fallende Menschen ohne Hürden außer Landes.

Warnschild des Bundesgrenzschutzes vor Minen auf der DDR-Seite der innerdeutschen Grenze

Doch die Konferenz für Sicherheit und Zusammenarbeit in Europa (KSZE) sowie bereits zuvor das völkerrechtliche Inkrafttreten des „Internationalen Pakts über bürgerliche und politische Rechte der Vereinten Nationen" vom 19. Dezember 1966 am 23. März 1976 (von der DDR im November 1973 ratifiziert) setzten die DDR-Führung außen- und innenpolitisch unter Druck. Die damit für die DDR-Bevölkerung gegebene Möglichkeit, sich auf internationale Rechtspakte zu beziehen, die Ausreiseregelungen enthielten und von der DDR unterzeichnet worden waren, entfaltete eine mobilisierende Wirkung innerhalb der DDR.[99]

So war die SED-Führung aus außen- und innenpolitischen Gründen zwar gezwungen, 1983 zum ersten Mal eine förmliche Regelung zu veröffentlichen, die gar ein Antrags„recht" enthielt. Doch wer sich auf diese „Verordnung zur Regelung von Fragen der Familienzusammenführung und der Eheschließung zwischen Bürgern der DDR und Ausländern" vom 15. September 1983 berief, lief Gefahr, vom MfS verfolgt und schließlich verurteilt zu werden. Der Verordnung folgte unmittelbar eine MfS-interne „Dienstanweisung Nr. 2/83 vom 13. Oktober 1983 zur Unterbindung und Zurückdrängung von Versuchen von Bürgern der DDR, die Übersiedlung nach nichtsozialistischen Staaten und West-Berlin zu er-

Die Grenze zur DDR bei Heringen in Hessen. Metallgitterzaun, Minenfelder, Selbstschussanlagen und die neuen Wachtürme bildeten in den 80er Jahren ein unüberwindliches Hindernis

reichen, sowie für vorbeugende Verhinderung, Aufklärung und wirksame Bekämpfung damit im Zusammenhang stehender feindlich-negativer Handlungen", die in weiteren sieben Anlagen detailliert regelte, wie die Verordnung umgangen werden sollte und der Antrag gemäß dieser Verordnung weiter als „kriminelles Delikt" zu behandeln sei.[100]

In der „Anlage 6 zur Dienstanweisung Nr. 2/83", mit der „Grundsätze für die Anwendung strafrechtlicher Mittel durch die Sicherheits- und Justizorgane" zur Abwehr von Ausreiseanträgen formuliert wurden, ist der strafrechtliche Sanktionskatalog benannt, der herangezogen werden sollte, wenn andere Maßnahmen nicht griffen, um Ausreiseantragsteller von ihrem Ansinnen abzubringen.

Angeführt sind:

§ 99: Landesverräterische Nachrichtenübermittlung
§ 100: Landesverräterische Agententätigkeit
§ 106: Staatsfeindliche Hetze
§ 214: Beeinträchtigung staatlicher oder gesellschaftlicher Tätigkeit
§ 217: Zusammenrottung
§ 219: Ungesetzliche Verbindungsaufnahme
§ 220: Öffentliche Herabwürdigung
§ 249: Beeinträchtigung der öffentlichen Ordnung und Sicherheit durch asoziales Verhalten

(Auszüge aus den Paragraphen finden sich im Anhang S. 102 f.)

Eigens für den Kampf gegen Ausreiseantragsteller hatte die Staatssicherheit bereits 1976 eine Zentrale Koordinierungsgruppe (ZKG) mit Bezirkskoordinierungsgruppen (BKG) in den Bezirksverwaltungen des MfS gebildet.[101] In der ZKG und den BKG waren 1976 insgesamt 104 Mitarbeiter mit der Abwehr von Ausreiseanträgen beschäftigt, im Oktober 1989 waren es insgesamt 446. Ihre Aufgabe beschränkte sich – wie der Begriff „Koordinierung" besagt – im Wesentlichen auf diese.

Mit dem tagtäglichen Kampf gegen Ausreiseantragsteller waren weitere Diensteinheiten des MfS, waren die Abteilung Inneres, der FDGB, die Justiz, die Volkspolizei – hier insbesondere das Arbeitsgebiet 1 der DDR-Kripo (siehe S. 80) –, die Kaderleitungen der Betriebe und andere befasst.

Im Kampf gegen diesen wachsenden Willen zur Ausreise war der Einsatz des Strafrechts, waren Haftstrafen nur ein Instrument aus einer ganzen Vielfalt an Mitteln, mit denen versucht wurde, der Flucht aus dem realen Sozialismus Schranken zu setzen.

Einen eigenen Straftatbestand „Ausreiseantrag" zu bilden, war aus Gründen der politischen Optik nicht möglich, so dass selbst interne Statistiken der

Fluchthindernisse auf der DDR-Seite der innerdeutschen Grenze

DDR-Justiz über jährliche Verurteilungen gemäß einzelner Paragraphen des Strafgesetzbuchs (StGB) der DDR keine genaue Auskunft darüber geben, in wie vielen Fällen der Kampf um die Ausreise zur Verurteilung führte. Die Fälle sind im Wesentlichen hinter jenen acht Paragraphen und den jährlichen Verurteilungszahlen pro Paragraph „versteckt", die in der bereits zuvor knapp zitierten „Anlage 6 zur Dienstanweisung Nr. 2/83" benannt wurden. Man kann davon ausgehen, dass hinter den Verurteilungen auf Grundlage dieser Paragraphen, abgesehen vom § 249 (asoziales Verhalten), der überwiegenden Zahl nach nichts anderes stand als die Abwehr von Ausreisebegehren. Zwar wurde auch § 249 gegen Ausreiseantragsteller angewandt, doch – gemessen an der Gesamtzahl der nach § 249 Verurteilten – vergleichsweise selten. Das heißt, dass seit Mitte der 70er Jahre jährlich Tausende DDR-Bewohner allein wegen dieses Ausreisebegehrens zu Haftstrafen verurteilt wurden. Jährlich weitere Tausende Bürger erhielten Bewährungsstrafen mit zum Teil harten Auflagen, die massiv in ihr Leben eingriffen. So wurde ihnen beispielsweise der Ausweis mit der Auflage entzogen, sich nur innerhalb des Territoriums eines Kreises bewegen zu dürfen.

Dr. Nitschke und die „Petition von Riesa"

Wer in der sächsischen Stadt Riesa über die Ernst-Thälmann-Straße schlendert, findet an einer Hauswand in großen Lettern einen Thälmann* zugeordneten Spruch:

* Ernst Thälmann, geboren 1886 in Hamburg, war seit 1925 Vorsitzender der Kommunistischen Partei Deutschlands (KPD) und wurde im August 1944 im KZ Buchenwald ermordet.

Tafel in der Ernst-Thälmann-Straße in Riesa

„Was Du nicht allein vermagst, dazu verbinde Dich mit anderen, die das Gleiche wollen".

Im Sinne dieses Spruches handelte 1976 der Arzt Dr. med. Karl-Heinz Nitschke, nachdem zuvor seine 13 Anträge auf Übersiedlung in die Bundesrepublik abgelehnt oder nicht beantwortet worden waren. Bereits im Januar 1965 war er vom Kreisgericht Quedlinburg „wegen Vorbereitung zum Grenzdurchbruch" zu einer zweijährigen Haftstrafe verurteilt worden. Dies schreckte ihn aber nicht ab, sondern verstärkte eher seinen Wunsch, die DDR zu verlassen.

1976 schrieb Dr. Nitschke eine „Petition zur vollen Erlangung der Menschenrechte". Um seinem Begehren mehr Nachdruck zu verleihen, suchte er Gleichgesinnte. Bis zum 10. Juli 1976 hatten 33 Bürger aus Riesa und Umgebung seine Petition unterzeichnet. In den folgenden Wochen setzten weitere Ausreisewillige ihren Namen unter den Text, so dass schließlich 79 Unterschriften zusammenkamen. Die Petition schickte Dr. Nitschke unter anderem an den Generalsekretär des ZK der SED, an die Vereinten Nationen, an die Unterzeichnerstaaten der Konferenz für Sicherheit und Zusammenarbeit in Europa (KSZE) und machte sie auch westlichen Medien zugänglich.

Am 31. August 1976 folgte seine Verhaftung. Im Haftbefehl vom folgenden Tage, ausgestellt vom Kreisgericht Dresden-Ost, wurde ihm vorgeworfen, „staatsfeindliche Verbindungen aufgenommen und staatsfeindliche Hetze begangen zu haben." Wenige Tage später erschienen in westdeutschen Medien Berichte über die Festnahme. In der ARD, dem ersten Programm des (west)deutschen Fernsehens, berichtete der in der DDR akkreditierte Korrespondent Lothar Loewe ausführlich und in deutlichen Worten aus Riesa, wo Mitunterzeichner der Petition mit wachsendem Selbstbewusstsein demonstrativ öffentlich auftraten. Diese der DDR-Führung höchst unangenehme Berichterstattung, gefolgt von weiteren sehr kritischen Kommentaren, führte schließlich dazu, dass Loewe Ende 1976 die DDR verlassen musste.

Seit dem Tag der Verhaftung Nitschkes entwickelte sich eine enge Zusammenarbeit zwischen dem

Arzt in der DDR aus politischen Gründen verhaftet

Frankfurt a. M. (dpa). Der Arzt Dr. Karl-Heinz Nitschke aus Riesa in Sachsen, der sich seit mehreren Jahren um eine Ausreise aus der DDR bemüht und bei den DDR-Behörden in Verdacht steht, Initiator einer Menschenrechtsbewegung zu sein, ist nach einem Bericht der Gesellschaft für Menschenrechte am vergangenen Mittwoch verhaftet worden. Der 46jährige Internist sei wegen seiner Ausreisewünsche jahrelangen beruflichen und politischen Repressalien ausgesetzt gewesen und habe bereits zwei Jahre lang in Gefängnissen gesessen. Seine Familie — das Ehepaar hat eine zwölfjährige Tochter — habe bisher 13 erfolglose Ausreiseanträge gestellt. Die Repressalien gegen Nitschke seien in den letzten Wochen verstärkt worden, weil die DDR-Behörden in dem Arzt den geistigen Urheber einer von insgesamt 67 DDR-Bewohnern unterzeichneten „Petition zur vollen Erlangung der Menschenrechte" gesehen hätten. Der Telefonanschluß Nitschkes sei gesperrt, seine Korrespondenz kontrolliert worden. Die Besucher seines Hauses seien fotografiert und beobachtet worden.

Die Unterzeichnung der Petition wurde von der Gesellschaft für Menschenrechte als „einmalig in der Geschichte der DDR" bezeichnet, da zum ersten Male eine größere Gruppe von Bürgern gemeinsam und offen die Verwirklichung von Menschenrechten gefordert habe.

„DER TAGESSPIEGEL"
vom 04. Sep. 1976

PETITION

ZUR VOLLEN ERLANGUNG DER MENSCHENRECHTE

Diese PETITION ist in freier Selbstbestimmung ausgefertigt und unterzeichnet von mündigen Bürgern, die an DDR-Behörden
a) Anträge auf Übersiedlung in die Bundesrepublik Deutschland
b) Anträge auf Entlassung aus der DDR-Staatsbürgerschaft stellten
und deren Anträge über Monate und Jahre von DDR-Staatsorganen überhaupt nicht – nicht definitiv – oder abschlägig beantwortet wurden.
Aus religiösen – politischen – familiären – humanitären oder einem dieser Gründe stellten die Unterzeichner dieser PETITION ihre Anträge an DDR-Behörden, basierend auf folgenden DDR-unterschriftlich anerkannten internationalen Dokumenten:

I) ALLGEMEINE ERKLÄRUNG DER MENSCHENRECHTE
Artikel 13 (2) 14 (1) 15 (2)

II) INTERNATIONALER PAKT ÜBER BÜRGERLICHE UND POLITISCHE RECHTE
Artikel 2 12 (2)

III) SCHLUSSAKTE DER KSZE VON HELSINKI
Zusammenarbeit in humanitären und anderen Bereichen

sowie

1) Verfassung der DDR
Artikel 8
2) Staatsbürgerschaftsgesetz der DDR
§ 9 § 10 § 11
3) Grundlagenvertrag zwischen den beiden deutschen Staaten
Artikel 2

Das im Widerspruch zu den aufgeführten DDR-unterschriftlich anerkannten internationalen Dokumenten stehende Verhalten der DDR-Behörden zwingt die in freier Selbstbestimmung unterzeichnenden mündigen Bürger zu dieser PETITION, die sie
an die UNITED NATIONS – DIVISION OF HUMAN RIGHTS
an die hohen Vertreter der KSZE-Teilnehmerstaaten
an die nationalen Körperschaften für Menschenrechte
an die Weltöffentlichkeit mit dem Ersuchen richten
die unterzeichnenden Bürger und Familien bei der vollen Erlangung ihrer Menschenrechte einschließlich des aus den zitierten internationalen Dokumenten erwachsenen Rechtes auf freie Wahl des Wohn- und Arbeitsortes w i r k s a m z u u n t e r s t ü t z e n.

Riesa/DDR 10. 07. 1976

Name	Wohnung	Unterschrift
Dr. med. K. H. Nitschke	8400 Riesa, Schweriner Str. 26	

Videoprint einer Demonstration von Ausreisewilligen, gesendet im September 1976 in der ARD

MfS, der örtlichen Justiz, der für politische Verfahren zuständigen 1A-Abteilung beim Generalstaatsanwalt der DDR, namentlich mit dem dort tätigen Genossen Borchert, und der SED-Bezirksleitung Dresden, wie ein undatierter Vermerk aus den Aktenbeständen der Abteilung 1 A der ehemaligen Bezirksstaatsanwaltschaft Dresden belegt (siehe rechte Seite).

Einem nicht unterzeichneten „Drehbuch" für die geplante Hauptverhandlung gegen Dr. Nitschke, datiert vom 2. Februar 1977, ist zu entnehmen, dass der Angeklagte in einem Schauprozess des Ersten Strafsenats des Bezirksgerichts Dresden vor ausgewähltem Publikum zu einer Freiheitsstrafe von acht bis zehn Jahren verurteilt werden sollte. Als Zuschauer wollte man etwa 40 Personen einladen, darunter Mitarbeiter des MfS, der SED-Kreisleitung Riesa, der SED-Bezirksleitung sowie der Partei- und Betriebsleitung des Rohrkombinats Riesa, als dessen Betriebsarzt Dr. Nitschke bis zur Verhaftung tätig gewesen war. Als Ziel des Prozesses nennt dieser „Vorschlag zur Durchführung eines Prozesses vor dem 1. Strafsenat des Bezirksgerichts Dresden",

„öffentlichkeitswirksam nachzuweisen bzw. zu erreichen, dass

- in schroffem Widerspruch zu den Grundsätzen der Schlussakte von Helsinki von der BRD und Berlin (W) in sich ständig steigerndem Maße feindliche Aktivitäten zur internationalen Diskreditierung der DDR entwickelt und eine sich verstärkende Ausdehnung und zugleich ›Rechtfertigung‹ der Politik der Einmischung in die innere Angelegenheiten der DDR betrieben wird (sic), die darauf gerichtet ist (sic), in der DDR eine ›breite Opposition‹ vorzutäuschen und Bürgern zur Begehung feindlicher Handlungen im Sinne einer politischen Untergrundtätigkeit zu inspirieren.
- als spezifische Mittel und Methoden vom Gegner unter Ausnutzung bestimmter für die Bevölkerung der DDR gestalteter Hetzsendungen des Rundfunks und Fernsehens sowie anderer Massenmedien durch bewusste Falschinterpretation der Schlussakte der KSZE sowie anderer internationaler Vereinbarungen und der Behauptung der Verletzung von Menschenrechten sowie der ungerechtfertigten Einschränkung der Freizügigkeit angestrebt wird, Bürger der DDR zu ungerechtfertigten provokativen Forderungen zu inspirieren.

(...)"

Die Anklageschrift war bereits geschrieben und eine ADN-Presseerklärung mit der Überschrift „Subversives Element verurteilt" bereits verfasst, in der nur noch der Platz über die Höhe der Freiheitsstrafe und dem Tag der Verurteilung freigehalten worden war. Doch es kam nicht zum gerichtlichen Scheinverfahren. Offenbar beunruhigt über die anhaltende Aufmerksamkeit, den der Fall Nitschke in westlichen Medien fand, entschieden sich die „verantwortlichen Organe", wohl auf Anordnung des Politbüros, Familie Nitschke am 26. August 1977 nach West-Berlin abzuschieben.

Mit Hausdurchsuchungen, Drohungen und Festnahmen versuchte das MfS, andere Unterzeichner der Petition zur Zurücknahme ihrer Ausreiseanträge zu bewegen. Manche Unterzeichner der Petition traf es noch härter. So wurde im Juli 1977 in einem Prozess in Karl-Marx-Stadt der Diplomingenieur Joachim M. zu zwei Jahren und acht Monaten verurteilt; einen Monat zuvor waren gegen das Ehepaar Ute und Oskar P. Haftstrafen von fünf und drei Jahren acht Monaten verhängt worden. Im Wege des Häftlingsfreikaufs gelangten sie später in die Bundesrepublik.

Seit dem Zusammenbruch der DDR haben sich die Gerichte des vereinten Deutschland mit einer ganzen Reihe dieser Urteile unter der Frage befasst, ob die beteiligten Richter und Staatsanwälte sich der Rechtsbeugung schuldig gemacht hätten. Über eine Reihe von Urteilen der DDR-Justiz haben inzwischen die Gerichte der Bundesrepublik ihr Urteil gefällt.

Aktenvermerk

Anruf des Genossen BORCHERT, am 26. 1. 1977, 11.00 Uhr

In der Sache Dr. NITSCHKE ist folgendes zu veranlassen:

1. Die überarbeitete Anklage muß bis Freitag Mittag fertig
geschrieben und abgezogen sein.

2. Freitag Nachmittag ist 1 Exemplar der Anklageschrift
mit ZKD oder besser Kurier direkt an Gen. BORCHERT
zu übermitteln.

3. Gen. BORCHERT ruft am Montag an und erteilt Zustimmung
zur Einreichung der Anklage.

4. Am Montag ist die Anklage beim BG einzureichen.

5. Am Montag ist Gen. Hans MODROW durch mich unter Übergabe
eines Exemplars der Anklage von der Einreichung derselben
zu informieren und ihm mitzuteilen, daß die Einzelheiten
über Prozeßablauf, Öffentlichkeit und Zeitpunkt der Ver-
handlung noch festgelegt und dann mit ihm abgestimmt werden.

6. Dem Direktor des BG ist mitzuteilen, daß dem OG der Sach-
verhalt bekannt und die Anklage abgesprochen ist.
Auf Wochenmeldung kann deshalb verzichtet werden. Sollte
es das Gericht für notwendig erachten weitere Informationen
in dieser Sache an das OG oder JM zu übermitteln, so muß
der Geheimhaltungsgrad beachtet werden (auf keinen Fall
als Wochenmeldung).

7. Gen. LISCHKE vom OG wird die entsprechende Anleitung
gegenüber dem BG vornehmen.

8. Das Gesamt-Gutachten in dieser Sache kommt heute.

9. Gen. BORCHERT wird Gen. FÖRSTER veranlassen mich heute
Nachmittag oder Abend anzurufen, um den Zeitpunkt seiner
Rückkehr nach Dresden zu präzisieren.

Quelle: Vermerk aus ungeordneten Beständen der ehemaligen Bezirksstaatsanwaltschaft Dresden, als Faksimile auf S. 141 in „Politische Strafjustiz in der früheren DDR – dargestellt an ausgewählten Einzelschicksalen", zusammengestellt durch die Landesjustizverwaltungen der Länder Berlin, Brandenburg, Mecklenburg-Vorpommern, Sachsen, Sachsen-Anhalt und Thüringen

Solche oder ähnliche Zeichen des Protestes trug Herr P. an seiner Kleidung. Es handelt sich um ein nachgestelltes Foto

Rechtsbeugung bei der Verurteilung von Ausreiseantragstellern

Familie P.[102]:

Am 30. Januar 1985 verurteilte das Kreisgericht Magdeburg-Nord Frau und Herrn P. wegen Vergehen gemäß §§ 214 Absatz 1, Absatz 3 und 63 Absatz 2 StGB zu einem Jahr, acht Monaten beziehungsweise zu einem Jahr, vier Monaten Haftstrafe.

Nachdem Ausreiseanträge immer wieder abgelehnt worden waren, hatten sie an ihrer Wohnungstür einen Prospekt über Neuseeland befestigt und mit der Aufschrift ›Freiheit‹ versehen. Außerdem wurde ihnen im Urteil des Kreisgerichts vorgeworfen: „In Tatmehrheit handelnd ist der Angeklagte St. P. der Beeinträchtigung staatlicher Tätigkeit gemäß § 214 Abs. 1 StGB in der gleichen Alternative schuldig, indem er von März 1984 an in der Öffentlichkeit mehrfach den genannten weißen Ohmschen Widerstand und ab September 84 zusätzlich das seitenverkehrt angebrachte Emblem ›35‹ trug und damit ebenfalls seine Missachtung der Gesetze der DDR bekundete."

Das Ehepaar wurde freigekauft und konnte am 9. Oktober 1985 die DDR verlassen.

Frau J.[103]:

Am 12. November 1985 verurteilte das Kreisgericht Magdeburg-Nord Frau J. wegen Vergehen gemäß §§ 214 Absatz 1 und 220 Absatz 1 StGB zu einem Jahr, zwei Monaten Haft.

Nach fünf vergeblichen Ausreiseanträgen wurde den Eheleuten J. im Juli 1985 bei einer bei der Abteilung Inneres geführten Aussprache mitgeteilt, dass eine Ausreisegenehmigung für sie nicht in Betracht komme. Daraufhin äußerte Frau J. gegenüber zwei Mitarbeitern der Behörde unter anderem: „Dann bleibt einem wohl nichts anderes übrig, als über die grüne Grenze zu gehen oder den Gashahn aufzudrehen und sich zusammen mit den Kindern davorzulegen." Sinngemäß fügte sie hinzu, dass sie sich wie die Juden im Dritten Reich fühlten, wobei nur der Judenstern noch fehle. In der DDR hätten sie keine Rechte als Mensch mehr.

Bis zum Freikauf verbüßte Frau J. sieben Monate Haft.

Herr N.[104]:

Am 15.04.1987 verurteilte das Kreisgericht Magdeburg-Nord Herrn N. wegen Vergehen gemäß §§ 219 Absatz 2 Ziffer 1, 214 Absatz 1 StGB zu einer zweijährigen Haftstrafe.

Er hatte im Zeitraum von 1984 bis 1987 insgesamt 21 Ausreiseanträge gestellt, um zu seinem Sohn zu gelangen, der in die Bundesrepublik Deutschland abgeschoben worden war. Um seinem Antrag zum Erfolg zu verhelfen, berichtete er seit Ende 1984 Verwandten, die, wie er wusste, Kontakt zu einem Rechtsanwaltsbüro in West-Berlin aufgenommen hatten, Einzelheiten über seine Ausreisebemühungen und die damit in Zusammenhang stehenden Schwierigkeiten mit staatlichen Organen der DDR. In einer Anfang 1987 geführten Aussprache mit Mitarbeitern der Abteilung Inneres äußerte er sinngemäß, falls seinem Sohn in der Bundesrepublik etwas zustoßen sollte, werde er sich an die Öffentlichkeit wenden und etwas Illegales tun, um so seine Ausreise zu erreichen.

Nach sechs Monaten Haft wurde Herr N. im Wege des Freikaufs in die Bundesrepublik entlassen.

Das Landgericht Magdeburg verurteilte im Februar 1994 einen Richter und einen Staatsanwalt, die an den zuvor geschilderten und weiteren Urteilen gegen Ausreiseantragsteller beteiligt gewesen waren, zu einer Bewährungsstrafe. Der Bundesgerichtshof sprach die Verurteilten im November 1995 vom Vorwurf der Rechtsbeugung in Tateinheit mit Freiheitsberaubung frei[105], fügte aber hinzu:

„Aus der Sicht eines Rechtsstaates verstießen die an grundsätzlich anderen Wertvorstellungen von Freiheitsrechten des Einzelnen gegenüber staatlicher Bevormundung ausgerichteten Strafen in allen Fällen zweifellos dem Grundsatz der Verhältnismäßigkeit. Als unerträglicher Verstoß gegen jegliches, von Ideologien unbeeinflusstes Gerechtigkeitsempfinden und damit als Rechtsbeugung erscheinen sie jedoch nicht.“

Herr K.:

1985 verurteilte das Stadtbezirksgericht Berlin-Pankow Herrn K. wegen „Beeinträchtigung staatlicher Tätigkeit“ (§ 214 Absatz 1) zu einer Freiheitsstrafe von einem Jahr.

Der 21jährige K. hatte im Gebäude des Rates des Stadtbezirks Berlin-Marzahn erklärt, für den Fall der Ablehnung seines Ausreiseantrages werde er sich ein Plakat mit der Aufschrift „Ich will endlich ausreisen“ um den Hals hängen und damit vor dem Staatsratsgebäude oder an der Staatsgrenze auftreten.[106]

Herr L.:

Gleichfalls 1985 verurteilte das Stadtbezirksgericht Berlin-Pankow Herrn L. wegen „Beeinträchtigung staatlicher Tätigkeit“ (§ 214 Absatz 1) zu einer Freiheitsstrafe von einem Jahr und zwei Monaten.

Nach seiner Ehescheidung wollte Herr L. zu seiner kranken Mutter nach Berlin (West) ausreisen. Da der Antrag abgelehnt wurde, legte Herr L. am 28. Mai 1985 an der Grenzübergangsstelle Chausseestraße in Berlin seinen Personalausweis vor und forderte die Ausreise nach West-Berlin.

Die an beiden und weiteren, ähnlich gelagerten Urteilen beteiligte Staatsanwältin wurde in erster Instanz 1994 wegen Rechtsbeugung vom Landgericht Berlin verurteilt. Der Bundesgerichtshof sprach sie 1995 im Fall K. frei, sah aber im Falle L. den Tatbestand der Rechtsbeugung erfüllt.[107]

Blick auf den Grenzübergang Chausseestraße in Berlin-Wedding, April 1988. Die Übergangsstelle wurde noch wenige Monate vor Öffnung der Mauer mit Umbauten und Dekorsteinen nach Westen „verschönert“

3.2 Vom „Devisenvergehen" zur „staatsfeindlichen Tätigkeit"

Roland Brauckmann 1981 vor der Mauer

Knapp 16 Jahre alt, geriet Roland Brauckmann aus Hoyerswerda 1974 ins Visier der „Sicherheitsorgane".[108] Aufgefallen war sein reger Briefwechsel mit Partnern im Nichtsozialistischen Wirtschaftsgebiet (NSW), wie im Sprachgebrauch der DDR die westliche Welt bezeichnet wurde.

Die Ermittlungen gegen Brauckmann wurden zunächst vom so genannten Arbeitsgebiet 1 (K 1) der DDR-Kriminalpolizei geführt.

Sie erhärteten den Verdacht des „illegalen Briefmarkentausches mit kapitalistischen und sozialistischen Staaten", so dass 1974 die Kriminalakte „Lipsia" angelegt wurde. Der Jugendliche war auf die Idee gekommen, möglichst viele Personen im „westlichen Ausland" anzuschreiben, um im Wege der Antwortbriefe die begehrten westlichen Briefmarken zu erhalten. Hier und da legte er DDR-Briefmarken bei. Auch ansonsten erwies er sich als antiautoritär, aufmüpfig und unangepasst.

Nachdem Brauckmann eine Stelle als Diakon angenommen hatte und ein Kirchenvertreter sich für ihn einsetzte, wurden die Ermittlungen eingestellt. Doch die Ruhe währte nicht lange. Als sich der inzwischen 22jährige in einem pazifistischen Friedenskreis in Dresden engagierte und zusammen mit dem evangelischen Pfarrer Christoph Wonneberger Aufrufe für einen ›Sozialen Friedensdienst‹ verfasste, geriet er erneut ins Visier der Sicherheitsorgane, nunmehr in das des MfS. Die Staatssicherheit suchte die alten Ermittlungsakten des Arbeitsgebietes 1 der Kriminalpolizei (K 1) heraus und legte den Operativvorgang (OV) „Strohmann" an. Als Gründe nennt der Eröffnungsbeschluss zum OV u.a.: „Es geht um die Zerschlagung der Vervielfältigungsstelle des B. und damit um die Einschränkung des Missbrauchs der Kirche für illegale Druckerzeugnisse innerhalb der DDR."

Brauckmann, der eine Lehre als Schriftsetzer begonnen hatte, engagierte sich meist als freiwillige, unbezahlte Kraft, zeitweilig als bezahlter Diakoniehelfer, in der kirchlichen Jugend- und Friedensarbeit und nutzte unter anderem seine beruflichen Kenntnisse, um mit einfachen technischen Mitteln Druckgrafiken herzustellen und ›für den innerkirchlichen Gebrauch‹ Texte zu vervielfältigen, darunter „Machwerke der ausgewiesenen ›Künstler‹ Wolf Biermann und Volker Funke", so die Stasi.

Das Arbeitsgebiet 1 der Kriminalpolizei

Es war ein nach außen nicht in Erscheinung tretender Zweig der Kriminalpolizei, der mit tatkräftiger Hilfe des MfS aufgebaut worden war und mit derselben Arbeitsmethodik aktiv wurde wie das MfS. Die Mitarbeiter der K 1 (ca. 20 % aller Beschäftigten der Kripo) hatten ein eigenes Netz Inoffizieller Kriminalpolizeilicher Mitarbeiter (IKM), führten verdeckte Ermittlungen durch und konnten sich hierfür eigener, speziell vom MfS geschulter Kräfte bedienen, die als sog. Dienststelle I/U im Arbeitsgebiet I eingegliedert waren. Sie wurden so konspirativ abgeschirmt, dass normale Kripobeschäftigte von ihrer Existenz nichts erfuhren. Die Zusammenarbeit mit dem MfS war von überdurchschnittlicher Intensität; ca. 20 % aller K1-Beschäftigten waren entweder „Offiziere im besonderen Einsatz" (OibE) oder zumindest Inoffizielle Mitarbeiter des MfS. Ihre Akten wurden bis 1988 beim MfS archiviert.

Gleichermaßen war als Beweis negativer Gesinnung wichtig: Am 16. März 1977 hatte er anlässlich der Musterung erklärt, „dass er den Wehrdienst mit der Waffe aus religiösen Gründen ablehnt", wie dem MfS zugetragen und hier registriert wurde. Briefe an den Vater, Liebesbriefe an die Freundin landeten als Kopie beim MfS. Ein evangelischer Bischof, ein Journalist, der für evangelische Kirchenblätter tätig war, und weitere IM der Staatssicherheit berichteten über B. und nahmen auf seine weitere Entwicklung Einfluss.

Im Februar 1982 schritt das MfS zur Verhaftung. Als Gründe ermittelte das MfS: „Seit 1977 unternahm der B. Aktivitäten, um die DDR zu verlassen (...) So wandte er sich zunächst mehrfach seit 1977 mit rechtswidrigen Ersuchen auf Übersiedlung in die BRD an verschiedene staatliche Organe der DDR, die diese Forderungen zurückwiesen (...)

In der Beweisführung gegen B. wurde herausgearbeitet, dass er sich seit Okt. 1980 mit Vorbereitungshandlungen zum ungesetzlichen Verlassen der DDR mittels eines selbstgebauten Heißluftballons (...) (befasste – FW). Da ihm die Kosten zur Beschaffung des notwendigen Ballonstoffes zu hoch waren und ein Transportmittel fehlte, stellte er unfreiwillig die Vorbereitungen seit März 1981 ein."[109]

Über diese Fluchtpläne hinaus hatte es Brauckmann gewagt, aus Polen ein Plakat des dortigen unabhängigen, nicht von Kommunisten geleiteten, Gewerkschaftsbundes Solidarnosc im Format DIN A3 mitzubringen und in seiner Wohnung aufzuhängen. Wie üblich, schrieb ein für politische Verfahren zuständiger Staatsanwalt die MfS-Berichte zur Anklageschrift um und beantragte ein Jahr, acht Monate Haft. Am 21. Juni 1982 wurde Brauckmann vom Kreisgericht Hoyerswerda wegen des Vorwurfs des vorbereiteten ungesetzlichen Grenzübertritts (§ 213) und der „öffentlichen Herabwürdigung" (§ 220) zu 20 Monaten Haft verurteilt, wie vom Staatsanwalt beantragt.[110] Der Tatbestand der öffentlichen Herabwürdigung sei gemäß § 220, Absatz 2 dadurch erfüllt, so das Gericht, „dass mindestens sieben Bürger in dem Zimmer des Angeklagten nächtigten und die Druckerzeugnisse sahen". In Abwesenheit hatte Brauckmann sieben Trampern sein Zimmer zur Übernachtung zur Verfügung gestellt; das Solidarnosc-Plakat hatte die Wand eines Zimmers geziert, in dem sie ihre Schlafsäcke ausbreiteten. Damit war der Tatbestand der „öffentlichen Herabwürdigung" erfüllt.

Im April 1983 erfolgte Brauckmanns Entlassung in die Bundesrepublik. Er war einer von 1.105 politischen Häftlingen, die die Bundesrepublik in diesem Jahr der DDR ›abkaufen‹ konnte. In den 80er Jahren wurden von der Bundesregierung über 90.000 DM pro Häftling gezahlt, allerdings nicht mit Geld, sondern mit Warenlieferungen im entsprechenden Wert.

Während der Haft hatte sich die internationale Hilfsorganisation für politische Häftlinge, „amnesty international" („ai") für die Freilassung von Roland Brauckmann eingesetzt. In die Bundesrepublik entlassen, wurde Brauckmann Mitglied von „ai" und engagierte sich aktiv für politische Gefangene in aller Welt. Nach dem Zerfall der SED-Herrschaft ging er in seine Heimat zurück und setzte sich noch vor der deutschen Einheit mit Erfolg dafür ein, dort die ersten „ai"-Gruppen zu gründen.

Häftlingsfreikauf 1963 bis 1989:

Jahr	Freikauf	Jahr	Freikauf	Jahr	Freikauf
1963	8	1972	731	1981	1.584
1964	888	1973	631	1982	1.491
1965	1.541	1974	1.053	1983	1.105
1966	424	1975	1.158	1984	2.236
1967	531	1976	1.439	1985	2.669
1968	696	1977	1.475	1986	1.450
1969	927	1978	1.452	1987	1.209
1970	888	1979	890	1988	1.048
1971	1.375	1980	1.036	1989/III	1.840*

* Erstes bis drittes Quartal 1989

3.3 Konstruktion von Haftbegründungen

Wir schreiben das Jahr 1970. Ort des Geschehens: ein Verschiebebahnhof der Deutschen Reichsbahn in Magdeburg. Herr D., 23 Jahre alt, versah seinen Dienst als Stellwerksmeister. Aufgrund von Baumaßnahmen gab es Veränderungen in der Weichenstellung. Er übersah eine nicht in die Ausgangsposition gestellte Weiche und ließ einen Zug auf ein bereits belegtes Gleis einfahren. Es war ein Langsamfahrgleis, der Lokführer erkannte die Gefahr, bremste und kam etwa 20 Meter vor dem stehenden Zug zum Halten. Beide Züge waren Transport- und Mannschaftswagen der sowjetischen Streitkräfte. Personen- oder Sachschaden entstand nicht. Die Transportpolizei ermittelte und erkannte, dass kein Vorsatz bestand, sondern menschliches Versagen die Ursache war. Der Staatsanwalt schloss sieben Tage später das Ermittlungsverfahren ab und übergab den Fall an die zuständige Konfliktkommission (ein gesellschaftliches Gericht im Betrieb) zur Entscheidung. Drei Wochen später sprach diese gegen Herrn D. eine Rüge aus. Die Konfliktkommission erteilte aber auch der Dienststellenleitung eine Auflage, die vorbeugenden Sicherheitsmaßnahmen zu verbessern, um derartige Vorkommnisse zukünftig zu vermeiden. Damit war der Fall rechtskräftig abgeschlossen.

Drei Jahre später trat ein erneuter Fehler in der Weichenstellung auf, an dem Herr D. eine Mitschuld trug. Wiederum gab es keinen Personen- oder Sachschaden, denn der Zug kam 300 Meter vor dem anderen Zug zum Stehen. Noch gravierender wurden in diesem Fall die technischen Mängel bei der Deutschen Reichsbahn sichtbar, und D. fühlte sich als Opfer der Schlamperei innerhalb der Dienst-

Verschiebebahnhof der Reichsbahn

stelle. Ihm wurde nun ein strenger Verweis erteilt, und er wurde als Stellwerksmeister abgesetzt. Die Konfliktkommission wurde nicht eingeschaltet, denn die Untersuchungen hatten den Beweis erbracht, dass die größere Verletzung der Dienstvorschriften bei anderen zu suchen gewesen wäre.

Im Frühling 1973 wurde den Behörden bekannt, dass in mehreren Stellwerken während der Nachtschicht „die faschistische Nationalhymne" zu hören war. Als Täter wurde Herr D. ermittelt. Er hatte sein Kofferradio an die Dispatcherleitung angeschlossen, um Musik zu hören und um den einen oder anderen Song auch seinen „Kumpels in den anderen Stellwerkhäuschen durchzustellen". Er hörte den bundesrepublikanischen Deutschlandfunk, der zum Programmschluß nächtens mit der Nationalhymne der Bundesrepublik endet. Aus Übermut und Leichtsinn hatte Herr D. auch diesen Teil der Sendung ›weitervermittelt‹.

Bei einer Überprüfung fanden die amtlichen Sucher noch weitere ›strafbare Handlungen‹, wie die Nutzung einer defekten Telefon-Amtsleitung für privaten Unsinn oder Pappe in einem Schaltrelais zur Außerkraftsetzung einer Dienstleitung.

Dazu Herr D.: „Ich war sauer über die Degradierung, zumal sie mit finanzieller Einbuße verbunden war. Bei der ersten Verkehrsgefährdung traf mich wirklich die Schuld. Ich hätte korrekter kontrollieren müssen, aber bei der zweiten Sache war ich schuldlos. Aber um ihre eigenen Versäumnisse zu vertuschen, haben DIE (seine Vorgesetzten) mich über die Klinge springen lassen. Nun wollte ich DIE wenigstens ärgern."

Am 8. Mai 1973 wurde Herr D. mehrere Stunden lang vernommen, vorwiegend wurde er nach seiner politischen Haltung befragt. Er gab zu, dass er an den Verhältnissen in der DDR vieles zu bemängeln habe und dass er die Lebensumstände in der BRD als angenehmer einschätzen würde. Er gestand die ihm zur Last gelegten Vergehen ein und erklärte, dass dahinter keine verbrecherische Absicht gelegen hätte, sondern eher der Zorn über seinen folgenreichen strengen Verweis.

Er konnte wieder nach Hause gehen und trat am nächsten Morgen seine Frühschicht an. Nach der Frühschicht wurde er erneut zur Vernehmung abgeholt. Diese Vernehmung dauerte ohne Unterbrechung von 14.30 bis 7.oo Uhr am anderen Morgen. Nun waren andere Herren da, die ihn befragten. Der Ton wurde schärfer und drohender. Ständig unterstellte man ihm Erpressung, was er abstritt.

Er konnte nicht wissen, wie es zu diesem neuen Vorwurf kam, denn erst heute, wo die Akten das Geschehen aufhellen, ist das ganze Ausmaß dessen, was das Leben von Herrn D. so grundlegend veränderte, erklärbar: Fünf Wochen vor seiner Verhaftung war beim MfS ein Operativ-Vorgang mit Namen „Brücke" angelegt worden. Seit 1972 hatte es anonyme Drohungen und Beleidigungen in schriftlicher oder fernmündlicher Form gegenüber der Deutschen Reichsbahn, der Transportpolizei und der Volkspolizei gegeben. Darunter waren auch zwei anonyme Briefe an den Präsidenten der Deutschen Reichsbahn, in denen jeweils 30.000 Mark gefordert und die Drohung ausgesprochen wurde, im Falle der Nichtzahlung eine Reichsbahnbrücke zu sprengen. Doch alle Aktivitäten der Bezirksverwaltung Magdeburg des MfS, den Täter zu finden, gingen ins Leere. Die Berliner MfS-Zentrale drängte, den OV „Brücke" abzuschließen - da kam Herr D. gerade recht.

Gegen Herrn D. wurde ein Ermittlungsverfahren wegen des Verdachts der versuchten Erpressung, der Nachrichtenverkehrsstörung und der Verbreitung von Äußerungen „faschistischen Charakters" (die Nationalhymne) eingeleitet. Im Laufe der Vernehmung wurde es noch erweitert um den Verdacht eines Angriffes auf die Signalanlagen der Deutschen Reichsbahn und des Rowdytums.

Herr D. kam in die Untersuchungshaftanstalt des MfS. In einer 15einhalbstündigen Vernehmung gab er laut Protokoll die Erpressung zu. Am nächsten Tag wurde er über zehn Stunden vernommen und gestand, die Verkehrsgefährdungen 1970 und 1973 vorsätzlich herbeigeführt zu haben.

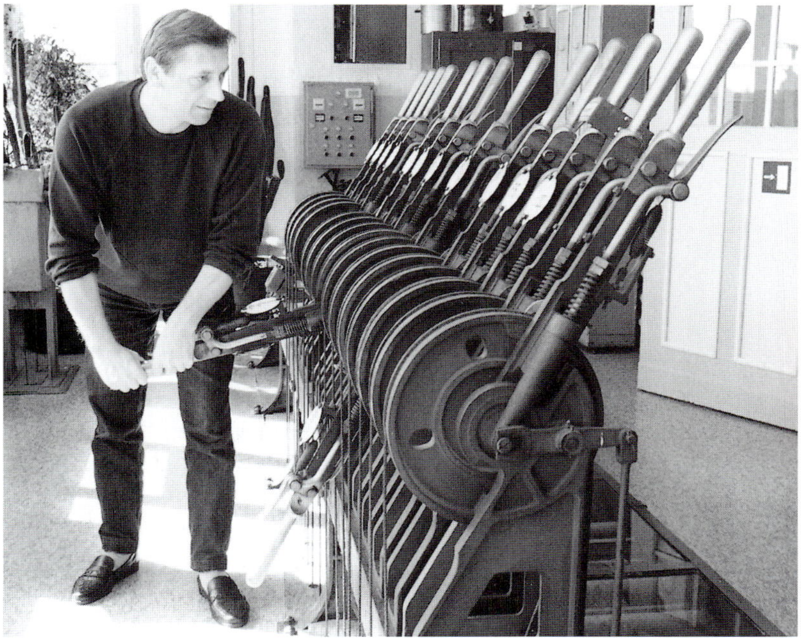

Stellen einer Weiche in einem mechanischen Stellwerk – Aufnahme von 1997. Die abgebildete und die im Text genannte Person sind nicht identisch

Der Chef-Devisenbeschaffer der DDR, Alexander Schalck-Golodkowski

Die Protokolle weisen aus, dass Herr D. bis zum 22./23. März 1974 in 43 Verhören mit insgesamt mindestens 330 Stunden Dauer in merkwürdiger Häufung sich selbst beschuldigte. Das klingt so: „Außerdem möchte ich noch erwähnen, dass ich noch eine weitere Straftat begangen habe ..."

Am 22. März begann um 8.00 Uhr morgens eine Befragung, die zweimal unterbrochen und endgültig um 3.30 Uhr beendet wurde. Das waren insgesamt mehr als 17 Stunden. Diese Vernehmung war besonders auffällig, denn Herr D. sollte sich plötzlich an ein zehn Monate zurückliegendes Verhör vom 11. Mai 1973 erinnert haben, in dem er angeblich das Geständnis der Erpressung gegeben hatte, das er nun widerrief. Der Hintergrund: Fünf Tage vor dieser Vernehmung vom 22. März war beim MfS ein Gutachten eingetroffen, das Herrn D. als Erpresser und Bombenleger eindeutig ausschloss.

Das MfS stand nun vor einem Problem. Die Untersuchungshaft dauerte inzwischen zehn Monate. Das Eingeständnis eines Irrtums gehörte nicht zum Stil des MfS. Herr D. hatte eine Woche Vernehmungspause. Dann schien das MfS eine Lösung gefunden zu haben, denn nun ging alles erneut los. In einem Verhör vom 30. April 1974 erklärte Herr D. erschöpft und unter großem Druck, dass er mit den damaligen Verkehrsgefährdungen die sich im Zug befindlichen sowjetischen Soldaten an Leib und Leben habe gefährden wollen und dass sein Motiv „Hass auf die DDR und die Russen" gewesen sei.

Nach insgesamt 22 Monaten U-Haft wurde Herr D. am 20. März 1975 vom politischen Strafsenat des Bezirksgerichts Magdeburg[111] „wegen mehrfachen teilweise besonders schweren Terrors in Tateinheit mit mehrfacher teilweise besonders schwerer Diversion und mit mehrfachem versuchten Mord, wegen Spionage, wegen mehrfacher Sabotage in teilweiser Tateinheit mit mehrfacher staatsfeindlicher Hetze, diese in teilweiser Tateinheit mit mehrfach versuchtem schweren Rowdytum" zu einer Freiheitsstrafe von 15 Jahren verurteilt.

Damit ist auch die für DDR-Verhältnisse ungewöhnlich lange U-Haftzeit entschuldigt. Dass die fehlerhafte Weichenstellung bereits durch die Konfliktkommission rechtskräftig geahndet worden war, ließ das Bezirksgericht Magdeburg in seinem Urteil unerwähnt.

Im Dezember 1982 wurde Herr D. auf Bewährung entlassen. Während der Haft war sein Kind geboren und seine Ehe geschieden worden.

Als Herr D. 1992 seine Rehabilitierung beantragte, gelang diese vollständig erst nach Durchlaufen aller Instanzen bis hin zum Bundesverfassungsgericht. Das Landgericht Halle und das Oberlandesgericht Naumburg hatten die Verurteilungen wegen der Verkehrsgefährdungen mit drei Jahren Haft als gerechtfertigt angesehen - lediglich sechs Jahre Haft wurden als zu Unrecht erlittener Freiheitsentzug festgestellt. D. hätte dadurch Pensionsansprüche und Kündigungsschutz verloren. Das Bundesverfassungsgericht verwies den Fall zurück an das Oberlandesgericht Naumburg, welches D. schließlich voll rehabilitierte.

Devisenbeschaffung mit Hilfe der Justiz

Auch in den 70er und 80er Jahren leistete die Justiz ihren Beitrag, um Bürger um Hab und Gut zu bringen. Doch ging es in diesen Jahrzehnten nicht mehr um das große gesellschaftspolitische Ziel der „Vergesellschaftung" der Produktionsmittel. Vielmehr ging es um staatlich betriebene Raubzüge zum Zwecke der Aufbesserung der Devisenbilanz, ausgeführt durch Firmen des 1966 gegründeten MfS-Bereichs „Kommerzielle Koordinierung" (kurz: KoKo) unter Leitung des Staatssekretärs im Außenhandelsministerium Alexander Schalck-Golodkowski. Als Offizier im besonderen Einsatz (OibE) war er insgeheim MfS-Mitarbeiter. Ständig auf der Suche nach wertvollen Gegenständen, die sich im westlichen Ausland gegen Devisen verkaufen ließen, schreckte das MfS neben der Ausplünderung von DDR-Museen und -Bibliotheken auch nicht davor zurück, private Sammler von Kunstgegenständen, Briefmarken und Antiquitäten mit Strafverfahren zu überziehen, um in den Besitz der Sammlungen zu kommen. KoKo-Firmen wie zum Beispiel die „Kunst-und-Antiquitäten-GmbH" verkauften anschließend die erbeuteten Stücke im Ausland.[112]

Urteil gegen den Kunstsammler Schwarz

Dezember 1982: Vor dem BG Potsdam musste sich Werner Schwarz aus Rathenow wegen des Vorwurfs der Steuerhinterziehung verantworten – ein privater Sammler von Möbeln und Kunstgegenständen aus dem 18. und 19. Jahrhundert. Schwarz hatte seit den 50er Jahren entsprechende Gegenstände zusammengetragen und als Kunsthandwerker mit viel Geschick restauriert. Im Kreis Rathenow wirkte er als ehrenamtlicher Denkmalpfleger. Im Dezember 1981 wurde Schwarz überraschend wegen des Vorwurfs der Steuerhinterziehung verhaftet. Noch im selben Monat ließ das Finanzamt die auf zwei Millionen Mark geschätzte Sammlung zur Sicherung einer Steuerforderung von zwei Millionen Mark beschlagnahmen und in Lagerräume der MfS-Firma „Kunst- und-Antiquitäten-GmbH“ bringen. Ein Jahr später, am 2. Dezember 1982, wurde Schwarz vom BG Potsdam wegen Steuerhinterziehung zu einer Haftstrafe von fünf Jahren und sechs Monaten und zur Zahlung einer Zusatzstrafe von 100.000 Mark verurteilt. Seine Frau erhielt eine Bewährungsstrafe. Die Kunstgegenstände blieben eingezogen; Haus und Grundstück wurden zur Sicherung der Steuerforderung beschlagnahmt. Wenig später wurde das Urteil vom Obersten Gericht bestätigt.

Drei Jahre später wurde Schwarz im Rahmen des Häftlingshandels von der Bundesregierung freigekauft und konnte mit Frau und Kindern in die Bundesrepublik übersiedeln. Auch dieser Handel wurde vom Chefdevisenbeschaffer Schalck-Golodkowski kontrolliert. Die DDR hatte ein weiteres Mal am Fall „Schwarz“ Devisen verdient beziehungsweise eingespart. In einem West-Berliner Antiquitätenladen entdeckte das Ehepaar später eine Uhr aus ihrer beschlagnahmten Sammlung.

Am 30. Mai 1995 rehabilitierte das Oberlandesgericht Brandenburg das Ehepaar Schwarz ohne Abstriche.[113] Es stellte anhand alter Akten fest, dass bereits 1979 in einem Maßnahmeplan der Volkspolizei niedergeschrieben worden war: “Es wird angestrebt, dem S. strafbare Handlungen nachzuweisen.“

Im Ergebnis kam das OLG zu der Feststellung, dass die Anwendung der der Verurteilung des Ehepaares Schwarz zugrundeliegenden Strafvorschrift § 176 StGB/DDR (Verkürzung von Steuern, Abgaben und anderen Abführungen an den Staatshaushalt) im Jahre 1982 prinzipiell keinen Bedenken begegnet, jedoch im konkreten Fall die gegen Familie Schwarz geführten Ermittlungs- und Strafverfahren im Wesentlichen sachfremden Zielen dienten. Es sei darum gegangen, die von den Verurteilten gesammelten Antiquitäten und Sammelstücke mit den Mitteln des Strafrechts dem Antikhandel zur weiteren Veräußerung an die Bundesrepublik Deutschland zu verschaffen.

Das Gebäude des Bezirksgerichts Potsdam 1979, erbaut 1886/87

3.4 Opposition und politische Justiz in den 70er und 80er Jahren

In dem Maße, wie die DDR sich erfolgreich um internationale Anerkennung bemühte, internationale Menschenrechtspakte unterzeichnete und die innerdeutschen Beziehungen sich verbesserten, waren Oppositionelle in der DDR vor der politischen Justiz relativ geschützt, wenn sie hinreichend prominent und in der Bundesrepublik bekannt waren.

Zwar bemühte sich das MfS um so mehr, sie mit seinen verdeckten Methoden der Zersetzung zu isolieren, moralisch zu diskreditieren und berufliche Misserfolge zu organisieren. Doch vor Urteilen mit langjährigen Haftstrafen scheute man mehr und mehr zurück, je prominenter in der Bundesrepublik und im westlichen Ausland jene waren, die von der SED als politische Gegner begriffen wurden.

Zu diesen Prominenten zählte auch Robert Havemann. Vom Volksgerichtshof der Nazis 1944 zum Tode verurteilt, überlebte er die NS-Zeit, da er an kriegswichtigen Forschungen mitarbeitete. In der DDR wurde er Professor an der Humboldt-Universität zu Berlin. Angeregt vom XX. Parteitag der KPdSU 1956 entwickelte sich Havemann in den 60er Jahren zum bedeutendsten und bekanntesten Systemkritiker der DDR. Er übte öffentlich prinzipielle marxistische Kritik an der SED-Politik. 1964 erfolgte sein Ausschluss aus der SED und die fristlose Entlassung durch die Humboldt-Universität. Mit mehreren Strafverfahren versuchte die SED-Führung im Zusammenspiel mit dem MfS und der Justiz, ihn mundtot zu machen.

Zu einem dieser Strafverfahren fand sich in den Unterlagen des MfS über Havemann eine „Konzeption", also das Drehbuch, nach dem die Verhandlung ablaufen sollte. Diese „Regieanweisung" des MfS für das Gericht ist rechts in Faksimile abgedruckt. Dass ein so brisantes Dokument weder eine institutionelle Zuordnung hat noch ein Aktenzeichen oder eine Unterschrift trägt, ist kein Zufall und beim MfS die Regel.

Das Urteil wurde, wie in der Konzeption festgelegt, vom Kreisgericht Fürstenwalde am 20. Juni 1979 gegen Robert Havemann wegen Devisenvergehens (Az: S 127/79, 111-163-799) ausgesprochen.

Nach der Verhandlung gegen den DDR-Regimekritiker Prof. Robert Havemann wegen angeblicher Devisenvergehen wird dieser von einer Freundin begrüßt, rechts Frau Havemann

Berlin, den 18. 6. 1979

K o n z e p t i o n
zur Fortführung der gerichtlichen Hauptverhandlung gegen
Robert Havemann vor dem Kreisgericht Fürstenwalde

Entsprechend dem Beschluß des Kreisgerichtes Fürstenwalde vom 14. 6. 1979 wird die Hauptverhandlung gegen Robert HAVEMANN unter Zugrundelegung der im Vorschlag vom 4. 6. 1979 enthaltenen Festlegungen (Öffentlichkeit, Nichtzulassung von ausländischen Korrespondenten, konzentrierte Verhandlungsführung) am 20. 6. 1979 um 8.00 Uhr fortgesetzt.

Da das Kreisgericht Fürstenwalde bisher weder von HAVEMANN noch von einem Rechtsanwalt darüber in Kenntnis gesetzt wurde, daß HAVEMANN einen in der DDR zugelassenen Rechtsanwalt mit seiner Verteidigung beauftragte, ist eine Fortsetzung der provokativen Aktivitäten HAVEMANNs zur Verhinderung einer ordnungsgemäßen Durchführung der Hauptverhandlung zu erwarten.

Mit dem Ziel der weiteren Durchführung und Beendigung des Verfahrens vor dem Kreisgericht Fürstenwalde ist vorgesehen:

1. Bleibt HAVEMANN unentschuldigt der Hauptverhandlung fern, wird diese um 8.30 Uhr fortgesetzt, wobei in der Beweisaufnahme eine Verlesung und Wertung der vorwiegend in schriftlicher Form vorliegenden Beweise erfolgt.

2. Erscheint HAVEMANN ohne einen in der DDR zugelassenen Rechtsanwalt und beantragt mit der Begründung, daß es ihm noch nicht möglich war, einen Verteidiger zu wählen, wird dieser Antrag abgelehnt und die Verhandlung fortgesetzt, da HAVEMANN im Ermittlungs-, Strafbefehls- und bisherigen Gerichtsverfahren ausreichend Gelegenheit zur

Wahl eines Verteidigers hatte. Sein Recht, sich in der weiteren Verhandlung gemäß § 61 StPO selbst zu verteidigen, bleibt davon unberührt.
Verläßt HAVEMANN daraufhin die gerichtliche Hauptverhandlung, erfolgt gemäß § 216 Abs. 3 StPO die Fortsetzung in seiner Abwesenheit.
In gleicher Weise wird verfahren, wenn HAVEMANN kurzfristig noch einen Verteidiger benennt bzw. einen zugelassenen Rechtsanwalt zur Verhandlung mitbringt und erklärt, daß noch keine Akteneinsicht genommen werden konnte. Dabei wird insbesondere darauf verwiesen, daß das Gericht diese seit dem 14. 6.1979 durchgehend ermöglicht habe. Dem Rechtsanwalt wird nach ordnungsgemäßer Einreichung der Strafprozeßvollmacht die Teilnahme gestattet.

3. Teilt HAVEMANN dem Gericht vor der Hauptverhandlung, mit deren Beginn oder in ihrem Verlauf mit, daß seine Teilnahme aus gesundheitlichen Gründen nicht möglich ist, wird sein Gesundheitszustand unter Einbeziehung des behandelnden Arztes, oder wenn dies nicht möglich ist, eines territorial zuständigen Facharztes geprüft und im Ergebnis dessen sein diesbezüglicher Antrag auf Vertagung der Hauptverhandlung abgelehnt.

4. Wird durch HAVEMANN im Verlaufe der Hauptverhandlung durch provokative oder anderen Verhaltensweisen der Verlauf der Hauptverhandlung gestört, erfolgt nach entsprechender Ermahnung bei Fortsetzung derselben sein zeitweiliger Ausschluß und gemäß § 231 StPO die Verhandlung in seiner Abwesenheit.
HAVEMANN wird beauflagt, sich bis zuseiner Wiederhinzuziehung im Warteraum des Gerichtes aufzuhalten.

5. Etwa eine Stunde nach Abschluß der Hauptverhandlung erfolgt die Verkündung des Urteils.

Quelle: Privatarchiv Katja Havemann

Wen allerdings nicht eigene Prominenz und politische Kontakte zu Freunden in der Bundesrepublik schützten, der konnte wie Frau L. wegen geringfügigster Kritik verurteilt werden.

Der Fall der Sekretärin Gudrun L.:

Am 16. August 1979 verurteilte das Stadtbezirksgericht Berlin-Lichtenberg unter Vorsitz seines Direktors Jürgen Wetzenstein-Ollenschläger die 42jährige Gudrun L. wegen „öffentlicher Herabwürdigung" zu einer Freiheitsstrafe von einem Jahr.

Sie hatte am Morgen des 5. April 1979 in einer Nachrichtensendung des Senders Freies Berlin von einer Anordnung des Ministeriums für Außenhandel über die Einführung von „Wertschecks" für Einkäufe im Intershop erfahren. In Intershops konnte man mit D-Mark „Westwaren" kaufen. Um ihr Westgeld noch vor Wirksamwerden dieser Anordnung zu verwenden, begab sie sich am Nachmittag desselben Tages zu einem Intershop in der Berliner Friedrichstraße. Dort befragte der ARD-Korrespondent Lutz Lehmann die vor dem Geschäft in einer Schlange wartenden DDR-Bürger. Unter anderem sprach er unter Vorhalt eines Mikrofons auch Frau L. auf eine Stellungnahme zu der beabsichtigten Einführung der Wertgutscheine an. Sie äußerte daraufhin: „Warum darf man nicht mit Geld im Laden bezahlen, wenn schon solche Läden existieren? Das ist etwas, also es tut mir leid, da, also, da habe ich kein Verständnis für. Ich bin eine mündige Bürgerin, auch hier in der DDR. Und wenn ich dann mit Geld, was ich ja bisher haben durfte in den letzten Jahren, nicht mehr offiziell im Laden bezahlen muss, sondern mir nen Gutschein geben lassen muss, dann ist das 'ne Entmündigung in meinen Augen, denn Geld ist Geld in der ganzen Welt."

Die Äußerung wurde noch am selben Abend in der ARD-Sendung „Tagesthemen" ausgestrahlt. Ein Kollege erkannte sie und informierte das MfS. Am 23. Mai 1979 wurde Gudrun L. festgenommen.

Der MfS-„Vorschlag zum Abschluss des Ermittlungsverfahrens", datiert vom 11. Juni 1979, wurde vom Stasi-Chef mit dem Vermerk „Einverstanden, Mielke" abgezeichnet (siehe Faksimile S.91). Im „Vorschlag" hieß es, dass „in Abstimmung mit dem Generalstaatsanwalt der Hauptstadt und dem Direktor des Stadtgerichts (Wetzenstein-Ollenschläger, FW) vorgesehen" sei, „auf den Ausspruch einer Freiheitsstrafe von einem Jahr zu erkennen."[114] Das Stadtbezirksgericht folgte dem „Vorschlag".

Halfen bei mehr oder weniger locker organisierten Oppositionellen nicht mehr die verdeckten Methoden des MfS, um sie im eigenen Land mundtot und handlungsunfähig zu machen, so ging das Regime dazu über, sie in die Bundesrepublik oder ins westliche Ausland zu vertreiben. Nach kurzzeitiger Verhaftung vor die Alternative gestellt, verurteilt zu werden oder ausreisen zu können, zwang man jene, die gerade nicht das Land verlassen wollten, zum Weg in die Bundesrepublik.

Videoprint von Frau L. bei der Befragung durch den ARD-Korrespondenten Lutz Lehmann

Zum Beispiel berichtete Thomas Auerbach:

„Ich war von 1971 bis 1976 Stadtjugendwart der Evangelischen Kirche in Jena. Ich bin unter anderem von Beruf evangelischer Diakon. In dieser Zeit in Jena haben wir offene Jugendarbeit gemacht. Das war damals in der DDR eine sehr neue Sache. Die Kirche machte Anfang der siebziger Jahre ihre Tore weit auf für nonkonformistische Jugendliche, für Leute, die aus der auch vorhandenen DDR-Hippiebewegung kamen, die lange Haare hatten, die überall herausflogen. (...)

Im Jahre 1976 spitzte sich die Situation zu. Im Spätsommer kam es zu der Affäre mit dem Pfarrer Brüsewitz (Selbstverbrennung, Red.). In Jena gab es bis dahin einen Zusammenschluss von jungen Christen mit Jugendlichen, die aus der FDJ kamen, die versuchten, beispielsweise in Lobeda, literarische Arbeit zu machen. Ich möchte nur einige Namen nennen. Es waren Leute wie Jürgen Fuchs oder Lutz Rathenow. Wir setzten uns mit ihnen zusammen und hatten während der Jahre davor gemeinsam über die Probleme in unserer Gesellschaft gesprochen. Unsere Kritik an diesem Staat kam von links. Es war eine solidarische Kritik. Wir wollten also die DDR nicht abschaffen.

Dann gab es im Herbst 1976 die Ereignisse um die Ausbürgerung von Wolf Biermann. Wir hatten zu dieser Zeit Kontakt zu Robert Havemann und anderen in Berlin. Wolf Biermann war sehr oft in Jena gewesen. Sibylle Havemann, die Tochter Havemanns, gehörte zu unserer Gruppe. Sie hatte in Jena studiert. Es kam dann für mich als Leiter der kirchlichen offenen Jugendarbeit die Situation, wo ich mir gesagt habe: Jetzt müssen wir handeln.

Der SED-Kritiker und Liedermacher Wolf Biermann am 25. November 1976 auf seiner Tournee in der Bundesrepublik, nach der man ihn nicht mehr in die DDR einreisen ließ

Wolf Biermann war ausgebürgert worden. Am 16. November 1976 kam dann Jurek Becker zu uns nach Jena, machte dort eine Lesung. Er brachte uns den Protest der Berliner Künstler und Schriftsteller mit, an deren Spitze Stephan Hermlin stand, auf dessen guten Namen wir uns verlassen haben. Es wurde für die Staatsmacht offensichtlich an diesem Punkt brisant; denn jetzt kam der Protest aus dem Getto der Künstler und Schriftsteller unter das Volk. Wir haben am 18. November abends in Jena in den Räumen der Jungen Gemeinde eine öffentliche Veranstaltung zu dem Thema Biermann-Ausbürgerung gemacht. Dort wurden Unterschriften gesammelt, wo sich besonders junge Leute mit dem Protest der Berliner Künstler solidarisierten. Es wurden Biermann-Gedichte vorgelesen, es wurden Rundfunksendungen zu diesem Thema abgespielt. Darauf folgte nach altbekannter Stasi-Manier am nächsten Morgen gegen 5 Uhr in Jena eine große Verhaftungswelle. Es wurden etwa 60 bis 70 Leute ‚zugeführt'.

Ich selbst wurde am 19. November vormittags verhaftet, bis zum 20. November verhört. Ich bekam mit, dass sehr viele andere auch verhaftet worden waren. Am 20. November kam der Haftbefehl, er wurde mir mitgeteilt. In diesem Moment war man kein Mensch mehr. Man wurde in ein besonderes Zimmer geführt, dort standen fünf Herren in Uniform. Ich dachte: Nanu, was macht die Nationale Volksarmee hier? Es waren aber Herren vom Staatssicherheitsdienst, wie ich später mitbekommen habe. Auch in meiner Haftzeit war das Perverse, dass, nach den Waffenfarben zu urteilen, ein Major der Artillerie die Suppe hereingab.

Dann begann die Prozedur, mit der man zum Nichtmenschen gemacht werden sollte: Man musste sich vor diesen Leuten nackt ausziehen, es wurde in alle Körperöffnungen gespäht, man hörte das Geräusch der Handschellen. Wir wurden dann zu weiteren Verhören nach Rudolstadt geschafft. Ich wusste zu dieser Zeit noch nicht, wie viele Freunde von mir dort mit saßen. Später kristallisierte sich heraus, dass von den 60 bis 70 Zugeführten acht Leute als ‚Rädelsführer' in Haft behalten wurden. Man warf uns zunächst staatsfeindliche Hetze vor. Die Verhöre in Rudolstadt liefen eigentlich rund um die Uhr. Wir wurden dann merkwürdigerweise in das Untersuchungsgefängnis des MfS nach Karl-Marx-Stadt geschafft. Dort zogen sich die Verhöre über etwa sieben Monate hin.

In der Untersuchungshaft hat man uns zur ‚staatsfeindlichen Gruppe' gemacht. Das bedeutete nach § 106 staatsfeindliche Hetze, eine Erweiterung auf § 107 staatsfeindliche Gruppenbildung, bei mir im schweren Fall, Organisation und Leitung einer staatsfeindlichen Gruppe. Das ergebe drei bis zwölf Jahre, so sagte man mir (...) dann im Mai 1977. Diese Begründung wurde mir von einem Haftrichter gegeben. Man durfte sie dann einmal lesen, bekommen haben wir nichts. Auf diese Begründung mit § 107 bin ich eigentlich heute noch stolz. Darin stand sinngemäß, wir hätten eine staatsfeindliche Gruppe gebildet, um den realen Sozialismus in der DDR zu beseitigen und durch ein System des demokratischen Sozialismus zu ersetzen.

Man hat dann versucht, das Problem um die Biermann-Verhafteten auf elegante Art und Weise zu lösen; denn die Sache ließ sich nicht verheimlichen. Es gab im Ausland Proteste; es gab ein Schutzkomitee, zu dem unter anderem Prof. Wilke gehörte, der hier sitzt, aber nicht nur er, sondern auch viele Prominente, Schriftsteller, Scharf, Gollwitzer, Schily und andere. (...)

Wir wurden von Karl-Marx-Stadt nach Gera verbracht, in die eigentlich für uns zuständige Stasi-Untersuchungshaftanstalt. Dort liefen dann die Erpressungsversuche. Wir waren uns erklärtermaßen einig – das war schon vor der Haft so –, dass wir nicht nach Westdeutschland wollten. Diese Erpressungsversuche mit Drogen und allem Möglichen liefen wochenlang. Mir hat man dann sehr konkret gesagt: Bei Ihnen wären es zwölf Jahre Höchststrafe, wir können uns auf neun Jahre einigen, dann sind Sie ein gebrochener Mann, dafür sorgen wir, oder Sie erklären sich bereit, nach West-Berlin verbracht zu werden."[115]

einverstanden
Mielke

Berlin, den 11. 6. 1979

BStU
000174

V o r s c h l a g

zum Abschluß des Ermittlungsverfahrens gegen L[redacted], Gudrun

Die im Ermittlungsverfahren wegen öffentlicher Herabwürdigung gemäß § 220 StGB mit Haft gegen

[redacted], Gudrun (43)
geb. am 21. 3. 1936 in Magdeburg
Beruf: Schneidermeisterin, Sekretärin
zuletzt: Sekretärin im Zentralinstitut für Arbeitsmedizin der DDR, Berlin
wohnhaft: Berlin-Friedrichshain,
[redacted]r. 36

geführten Untersuchungen ergaben:

Die Beschuldigte, die kleinbürgerlichen Verhältnissen entstammt, erlernte nach dem Abschluß der 8. Klasse der Grundschule von 1951 bis 1954 in Magdeburg den Beruf einer Schneiderin und qualifizierte sich während dessen Ausübung im Jahre 1957 zur Meisterin.
Auf der Grundlage dieser Qualifikation war sie bis zum Jahre 1961 als Schnittkonstrukteurin und Lehrausbilderin in verschiedenen Konfektionsbetrieben tätig.

Auf der Grundlage des festgestellten Sachverhaltes ist in Abstimmung mit dem Generalstaatsanwalt der Hauptstadt und dem Direktor des Stadtgerichtes vorgesehen, gegen die Beschuldigte im Juli 1979 vor der Strafkammer des Stadtbezirksgerichtes Berlin-Lichtenberg in gerichtsüblicher Form die Hauptverhandlung durchzuführen.
Die Anklageerhebung erfolgt durch den Generalstaatsanwalt der Hauptstadt der DDR, Abteilung IA, der im Ergebnis der gerichtlichen Beweisaufnahme beantragen wird, auf den Ausspruch einer unbedingten Freiheitsstrafe von einem Jahr zu erkennen.

Quelle: Privatarchiv Gudrun L.

Freya Klier und Stephan Krawczyk nach ihrer Ausweisung aus der DDR am 2. Februar 1988.

Im Januar 1988 wählte man bei prominenten Dissidenten erneut die Abschiebung. Der Anlass: In oppositionellen Gruppen war bereits seit einiger Zeit diskutiert worden, sich an der „Kampfdemonstration zu Ehren von Karl Liebknecht und Rosa Luxemburg", die die SED seit Jahrzehnten Mitte Januar an der Gedenkstätte der Sozialisten in Berlin-Friedrichsfelde veranstaltete, mit eigenen Plakaten und Transparenten zu beteiligen. Die Stasi, über diese Absichten durch ihre IM längst informiert, verhaftete am Morgen des 17. Januar bereits im Vorfeld der Kundgebung rund 160 Personen - unter anderen Vera Wollenberger und den Liedermacher Stephan Krawczyk. Er hatte unter der Jacke ein Tuch mit der Aufschrift „gegen Berufsverbote in der DDR" mit sich geführt. Während der Kundgebung versuchten andere Oppositionelle, ein Tuch mit dem Luxemburg-Wort „Freiheit ist immer Freiheit des Andersdenkenden" zu entfalten. Im Berliner Stadtjugendpfarramt organisierte in den folgenden Tagen eine Koordinierungsgruppe den Protest gegen die Verhaftungen, auch außerhalb Berlins kam es zu Solidaritätsveranstaltungen. Dies führte am 25. Januar zu einer neuen Verhaftungswelle, deren Opfer unter anderem die Regisseurin und Autorin Freya Klier und Mitglieder der „Initiative Frieden und Menschenrechte" (IFM) wurden - unter ihnen die Malerin Bärbel Bohley sowie Lotte und Wolfgang Templin. In kürzester Zeit wurden Geheimprozesse organisiert. Frau Wollenberger, Bert Schlegel und andere erhielten am 26. und 27. Januar Haftstrafen von jeweils 6 Monaten. Doch bereits Anfang Februar reisten Klier, Krawczyk und Schlegel in die Bundesrepublik aus - nicht freiwillig, wie sie erklärten, sondern als Folge einer Zwangssituation. Wenige Tage später folgten das Ehepaar Templin, Frau Bohley, Frau Wollenberger und weitere Dissidenten - jeweils mit einem befristeten Visum ausgestattet. Das Kalkül der SED ging halbwegs auf: elegante Konfliktlösung durch Abschiebung statt durch harte Urteile, die nur zu neuen Wellen der Solidarität geführt hätten. Oder in den Worten eines anderen Dissidenten: „Endlagerung von gefährlichen Menschen im ›Ausland‹" (Wolfgang Rüddenklau).

Bärbel Bohley im Oktober 1989

Jene aber, die keinen anderen Wunsch als gerade den hatten, das Land zu verlassen, und daher Ausreiseanträge stellten, liefen Gefahr, gerade deshalb verurteilt zu werden und in Strafhaft zu kommen. Bis zum Zusammenbruch der DDR galt aber ebenso, dass es für jene, die unorganisiert und ohne schützende Verbindungen in die Bundesrepublik waren, weitaus riskanter blieb, ihren Unwillen über die politischen Verhältnisse zu äußern.

Eines der letzten politischen Strafurteile sprach am 10. Oktober 1989 das Kreisgericht Roßlau aus.[116] Es verurteilte Frank S. zu einer Freiheitsstrafe von 6 Monaten wegen „öffentlicher Herabwürdigung". Der Verurteilte hatte im Anschluss an eine Feier, während der heftig über die Notwendigkeit von Reformen in der DDR diskutiert wurde, an verschiedenen Stellen seines Wohnortes folgende Parolen auf die Straße gemalt:

„Glasnost - die Mauer muss weg", „Reformen/Perestroika", „Was wird aus Deutschland", „Wie lange noch", „Freie Wahlen für alle", „Es gibt nur eine Grenze, die Mauer - Für wen?"

Freunde der Angeklagten warten nach der Urteilsverkündung vor der Berliner Glaubenskirche auf den Anwalt

Am 11. September wurde er verhaftet, einen Monat später verurteilt und am 17. Oktober - einen Tag vor Honeckers Sturz - aus der Haft entlassen.

Sein Anwalt nutzte die Gunst der Zeit und ging beim Bezirksgericht Halle in die Berufung. Dieses verkündete am 26. Oktober seine Entscheidung - eine Woche nach dem Sturz von Honecker, 14 Tage vor dem Fall der Mauer. Es sprach den Verurteilten zwar nicht vom Vorwurf der „öffentlichen Herabwürdigung“ gänzlich frei, sah aber von „Maßnahmen der strafrechtlichen Verantwortlichkeit“ ab.

Die Richter waren auf der Höhe des aktuellen Reformangebots von Egon Krenz, dem am 18. Oktober zum 1. Sekretär der SED gewählten Hoffnungsträger der Partei. Sie begründeten ihre Entscheidung damit, dass viele der „vom Angeklagten auf der Straße aufgebrachten Schriften (...) ihrem Wesen nach Forderungen nach positiven gesellschaftlichen Veränderungen in der gegenwärtigen Entwicklungsetappe in unserem Staat zum Ausdruck bringen. Sie tragen deshalb, obgleich die Art und Weise, in der der Angeklagte sich geäußert hat, abzulehnen ist, keinen strafrechtlich relevanten Charakter.“

Doch mit einer Forderung konnten sich die Richter noch nicht anfreunden: „So weit der Angeklagte jedoch in zwei Schriften zur Beseitigung der Grenzsicherung aufruft, hat er die 1961 ergriffenen und seither zur Sicherung des Friedens und zum Schutz der Souveränität der DDR notwendigen staatlichen Maßnahmen öffentlich herabgewürdigt. Dieses Verhalten erfüllt den Tatbestand des § 220 StGB.“

Hätte die Berufungsverhandlung zwei Wochen später, einen Tag nach dem Fall der Mauer, stattgefunden, so lässt sich mutmaßen, wären die Richter wiederum „auf der Höhe der Zeit“ gewesen und hätten den Angeklagten in Gänze freigesprochen, denn die absolute Abhängigkeit der politischen Rechtsprechung von tagespolitischen Einschätzungen und Situationen war eines der durchgängigsten Merkmale dieser Justiz.

Vera Wollenberger nach dem Kassationsverfahren vor dem Obersten Gericht der DDR, Mai 1990

3.5 Politische Justiz im Zivil-, Familien- und Arbeitsrecht

Friedrich Karl Kaul, Rechtsanwalt, außerdem Chefjustiziar des Staatlichen Komitees für Rundfunk und Fernsehen

Wie bereits betont, beschränkte sich die Praxis der politischen Justiz, in deren Verfahren alle Rechtsgarantien des geschriebenen Rechts der DDR „außer Kraft" traten, keineswegs auf den Sektor politischer Strafjustiz. Der politische Zugriff konnte genauso im Zivil-, Familien- und Arbeitsrecht erfolgen.
Eine typische Fallkonstellation betraf Ausreiseantragsteller.
Wann immer sie in einen Rechtsstreit verwickelt waren, wann immer sie sich mit den Mitteln des DDR-Rechts gegen Benachteiligungen zu wehren suchten, galt ein Sonder„recht". Dies betraf vor allem arbeitsrechtliche Verfahren nach Kündigungen oder beruflichen Rückstufungen als Folge des Ausreiseantrages; in Scheidungsverfahren, in denen nur eine Seite einen Ausreiseantrag gestellt hatte, war die Entscheidung über das Sorgerecht für die aus der Ehe stammenden Kinder von vornherein gefallen. Wer politisch missliebig wurde, weil er öffentlichen Widerspruch gegen Entscheidungen der DDR-Regierung angemeldet hatte, und gekündigt wurde, konnte im Grunde von vornherein darauf verzichten, im Klageweg sein Recht zu suchen.

Während das sozialistische Arbeitsrecht einerseits die Beschäftigten in eine nahezu unkündbare Position brachte und so ihre Rechtsstellung deutlich stärkte, trat es faktisch außer Kraft, wenn politische Gründe zu einer Kündigung führten.

Dies galt etwa aus Anlass des Protestes gegen die Biermann-Ausbürgerung im Jahre 1976. Ende dieses Jahres kam es beispielsweise zu einer „verfahrensrechtlichen Abstimmung" zwischen dem Justitiar des Fernsehfunks der DDR, Prof. Dr. Kaul, dem Leiter der Hauptabteilung Kader des Senders und dem Vizepräsidenten des Obersten Gerichts, Dr. Strasberg. Er war beim OG zuständig für so genannte ZFA-Verfahren (Zivil-, Familien- und Arbeitsrecht). Ziel der „Abstimmung" war es, die Ursache von Entlassungen im Zusammenhang mit dem Protest gegen die Ausbürgerung Biermanns zu vertuschen. Der Vizepräsident des OG bat zunächst darum, „Verständnis dafür zu haben, dass in dieser wichtigen Angelegenheit der Rat übergeordneter Organe einzuholen ist, um den er sich bemühen werde". Zwar ist im hier zitierten Dokument das dem „Obersten" Gericht „übergeordnete" Organ nicht genannt, doch dürfte es unschwer zu benennen sein. Nachdem der Rat eingeholt worden war, wurde der Leiter der HA Kader von einem Richter des OG-Senats für Arbeitsrecht dahingehend informiert, dass bei Kündigungen künftig jede politische Motivation im Kündigungsschreiben zu unterlassen sei und desgleichen auf eine Rechtsbelehrung verzichtet werden solle. Im übrigen seien „die Verfahrensfragen mit den Gerichten abgestimmt worden".[117]

Für Ausreiseantragsteller wurde im selben Jahr eine identische Regelung getroffen. Im Januar 1976 wurde zwischen der Partei, den Arbeitsgerichten und Dr. Straßberg festgelegt: „Wenn die in einer Vertrauensstellung befindlichen Antragsteller mit einem Aufhebungsvertrag nicht einverstanden sind, werden sie wegen Ungeeignetheit gekündigt. Im Kündigungsschreiben und in den Gerichtsurteilen ist der konkrete Anlass nicht zu nennen."[118]

Der Kampf gegen Ausreiseantragsteller ist im übrigen ein Musterbeispiel dafür, über welche Repressionsmöglichkeiten ein Regime verfügt, das aufgrund der verstaatlichten Industrie und der von der SED und dem MfS in besonderer Weise beherrschten und kontrollierten Kaderabteilungen der Betriebe, der Genossenschaften und sonstigen Einstellungsträger über nahezu alle Arbeitsplätze - und praktisch über alle Ausbildungswege bis auf die der Kirchen - bestimmt. Unter diesen Voraussetzungen war es möglich, die politische Repression in besonders wirkungsvoller Weise am Beruf und damit an der sozialen Existenz der Bürger anzusetzen, ohne dass das Strafrecht bemüht werden musste.

Die Rolle als Oberaufseher für politische Verfahren im Bereich der ZFA-Fälle erfüllte Dr. Straßberg bis 1989. Die Bezirksgerichte hatten in Form so genannter „Sofortmeldungen" und Wochenmeldungen über „Verfahren von besonderer Bedeutung" dem OG-Vizepräsidenten Bericht über ZFA-Fälle mit politischem Gewicht zu erstatten und ihre rechtsbrechenden Lösungsvarianten mitzuteilen.[119]

Am 27. November 1989, Erich Honecker war als Staatsrats- und Parteivorsitzender der SED zurückgetreten, seine Ehefrau Margot Honecker hatte ihren Posten als Volksbildungsministerin verloren, erklärte das Präsidium des Obersten Gerichts der DDR anlässlich einer Plenartagung: „In Zusammenhang mit den Begehren auf ständige Ausreise ist das Arbeitsrecht ins Zwielicht geraten. Die Einmischungen in die Rechtsprechung durch Organe des Ministerrates, insbesondere des Volksbildungsministeriums, aber auch des FDGB, wurde nicht entschieden genug abgewehrt, ja, in einer Reihe von Fällen wurde ihren Auffassungen gefolgt. Dem Obersten Gericht ist anzulasten, dass es nicht eindeutig genug Einmischungsversuche zurückgewiesen hat.“[120]

HA Kader/Qualifizierung Berlin, d. 10.12.1976

- streng vertraulich -

Aktenvermerk

Am 9.12.1976 bat uns der Vizepräsident des Obersten Gerichts, Gen. Dr. Straßberg, zu einer Konsultation in der Entlassungssache Gorges, E.M.Hagen und Grote. An dem Gespräch nahmen außer Gen. Straßberg teil: Gen. Hezel (Senat f. Arbeitsrecht), Prof.Dr.Kaul und Gen. Schiller.

Es ging um a) die verfahrensrechtliche Abstimmung bei evtl. Einsprüchen der Entlassenen und

b) um Formulierungsfragen bei evtl. notwendig werdenden künftigen Schritten in gleicher Sache.

Prof. Kaul begründete die uns gegebene Empfehlung für das Entlassung schreiben. Dr. Straßberg bat uns, Verständnis dafür zu haben, daß in dieser wichtigen Angelegenheit der Rat übergeordneter Organe einzuholen ist, um den er sich bemühen werde. Er wird uns am 10.12.76 für künftige Fälle eine Empfehlung geben.

Heute früh war ich ein weiteres Mal beim Senat (Gen. Hezel). Er informierte mich über das Ergebnis der Beratung. Er sagte, daß wir natürlich nach der Empfehlung unseres Chefjustitiars verfahren mußten, riet aber, künftig zur Weglassung jeder politischen Motivation im Kündigungsschreiben. Wir sollen sie durch folgende Formulierung ersetzen: "Die näheren Einzelheiten sind Ihnen in dem Gespräch am .... mitgeteilt worden".
Auf die Rechtsmittelbelehrung kann in diesem Sonderfall sogar verzichtet werden.
Prof. Kaul wird durch Dr. Straßberg direkt informiert; ebenfalls Gen. Hahn vom Rundfunk, falls dort ähnliche Schritte notwendig werden.
Gen. Hezel sagte mir, daß die Verfahrensfragen mit den Gerichten abgestimmt worden sind.

2. Da jeder ein Recht auf eine Beurteilung hat, sollten wir eine Beurteilung anfertigen lassen. Sie sollte kurz und bündig sein, ohne irgendwelche Angriffsflächen zu bieten. Also etwa "hat von bis gearbeitet, als ..., evtl. in welchen Stücken mitgewirkt (einige, nicht alle). Wurde am ... wegen Verstoßes gegen §§ ... (s. Entlassungsschreiben). Nicht mehr.

Quelle:
Archiv des Autors

3.6 Selbsteinsichten der Justiz in der Wendezeit

Sitz des Obersten Gerichts nach 1974, Berlin, Littenstraße

Einige Wochen nach den inoffiziellen Demonstrationen anlässlich der Feiern zum 40. Jahrestag der DDR am 7. Oktober 1989, wenige Wochen nach dem Sturz Erich Honeckers, ahnten auch Justizfunktionäre, dass Selbstkritik und Veränderungen geboten waren, wollte man alte berufliche Positionen retten.

Das Plenum des Obersten Gerichts der DDR erklärte am 6. Dezember 1989: „Wir werden unsere ganze Kraft einsetzen, die Rechte der Bürger zu wahren und jede Person, die sich schuldig gemacht hat, entsprechend den Gesetzen zur Rechenschaft zu ziehen. (...) Die Richter unseres Landes fühlen sich zutiefst den antifaschistisch-demokratischen Traditionen der Rechtsprechung verpflichtet. Wir teilen die Empörung über alle Fälle der Korruption, des Amtsmissbrauchs und der Bereicherung von ehemals führenden Funktionären. (...)

Die falsche Sicherheitsdoktrin der früheren Partei- und Staatsführung, die der Lage im Lande nicht entsprach, führte zu Gesetzen, die im Ergebnis politische Konflikte kriminalisierten und Grundrechte der Bürger einschränkten. Verbunden damit kam es zu Einmischungen in die richterliche Unabhängigkeit, zum Beispiel durch Beschlüsse des Politbüros des ZK der SED und des Ministerrates. Das hatte auch Einfluss auf die Leitung der Rechtsprechung durch das OG der DDR."[121]

Wie die Richter am Obersten Gericht, so übten auch Richter an den Bezirksgerichten der DDR Selbstkritik - zum Beispiel jene des BG Rostock am 14. November 1989[122]:

„Genosse R. bemerkte noch, auch in mehreren Ehesachen von übergeordneten Leitungen usw. gegebene Hinweise seien eine Einmischung in die richterliche Unabhängigkeit gewesen (...) Genosse S. machte darauf aufmerksam, dass zur Unabhängigkeit des Richters auch die Anleitung gehöre (...) Genosse B. erklärte, denn es sei bekannt, dass manche Kassationsentscheidungen des OG nur auf Drängen des Politbüros der SED zustandegekommen seien.

Präsidium des
Obersten Gericht

Entwurf

Vorlage für die
11. Plenartagung
6. Dezember 1989

B e s c h l u ß

der 11. Plenartagung des Obersten Gerichts der Deutschen Demokratischen Republik vom 6. Dezember 1989 zum Beitrag der Rechtsprechung der Gerichte im Prozeß der demokratischen Erneuerung der sozialistischen Gesellschaft

---

1. In unserem Lande vollzieht sich ein revolutionärer Erneuerungsprozeß, der vom Aufbegehren der Volksmassen ausgegangen ist und alle Seiten des gesellschaftlichen Lebens erfaßt. Die Gerichte sind in diesen Prozeß voll einbezogen. Sie hatten durch ihre gesetzestreue, auf antifaschistischen Traditionen beruhende Rechtsprechung Vertrauen bei der Bevölkerung. Dazu haben die Schöffen und Mitglieder der gesellschaftlichen Gerichte, selbst aus dem Volke kommend, wesentlich beigetragen.
Dieses Vertrauen in die Rechtsprechung ist auf einigen Gebieten beeinträchtigt worden, insbesondere deshalb, weil im Zusammenhang mit dem massenhaften Verlassen der DDR das Recht uneinheitlich angewandt und auf die Teilnahme an Demonstrationen teilweise mit strafrechtlichen Mitteln reagiert wurde.
Eine falsche Sicherheitsdoktrin der früheren Partei- und Staatsführung, die der Lage im Lande nicht entsprach, führte u.a. auch zu einer Verschärfung des politischen Strafrechts, anderer Rechtsnormen sowie zu Einschränkungen von Grundrechten der Bürger.
Verbunden damit kam es zu Einmischungen in die richterliche Unabhängigkeit durch Beschlüsse des Politbüros des ZK der SED und des Ministerrates, durch Funktionäre der SED sowie durch andere Organe.
Das hat auch Auswirkungen auf die Leitung der Rechtsprechung durch das Oberste Gericht gehabt.

Quelle:
BArch DP2-1960

(...) Genossin St. (sagte,) (...) die gestrige Volkskammertagung habe ihr deutlich gemacht, dass sie als Richterin benutzt worden sei, gegen die Interessen der Arbeiterklasse Recht zu sprechen. Mit dem Strafrecht sei zum Beispiel die Antragstellung der Werktätigen unterdrückt worden (...)."

Am 24. November 1989 wurde die Diskussion noch offener:[123]

„Genosse R. erklärte (...), in der Fachrichtertagung am 23.11.1989 sei darauf orientiert worden, dass ab sofort jede mündliche oder schriftliche Anleitung in anhängigen Verfahren zu unterlassen sei. (...) Genossin K.: (...) wenn sie einmal einen solchen Täter (Ausreiseantragsteller – FW) freigesprochen hätte, dann würde sie heute nicht mehr hier sein. In diesem Zusammenhang führte sie ein Beispiel an und erklärte dazu, daraus ergebe sich, dass Ansätze eines eigenen Denkens eines Richters vom OG sofort unterbunden worden seien. Insoweit habe sie sich gegängelt und gedemütigt gefühlt. (...)

Dazu erklärte Genosse K., wichtig sei, dass der außerordentliche Parteitag die künftige Richtung festlege. (...) Richtig sei allerdings, dass es Jahre gegeben habe, in denen Bewerbungen zum Jurastudium von Mitgliedern anderer Parteien abgelehnt worden seien. (...) Weiter erklärte er, in der Leitungstätigkeit müsse davon ausgegangen werden, dass nicht sofort unabhängige Richter zur Verfügung stünden. Dazu müssten sich die Richter seines Erachtens erst einmal entwickeln. (...)"

Egon Krenz, Nachfolger Honeckers als Staats- und Parteichef vom Oktober bis Dezember 1989

DDR-Richter und -Richterinnen wussten also durchaus, dass ihre Rechtsprechung in politischen Verfahren von „besonderer Art" war und dass diese Rechtsprechung im Widerspruch zum Wortlaut der DDR-Verfassungen seit 1949 stand, in denen die Unabhängigkeit der Richter, Schöffen und Mitglieder der gesellschaftlichen Gerichte hervorgehoben wurde. In ihrem Rechtsverständnis nahmen sie aber die Unterordnung des Rechts unter den politischen Primat als gegeben und unabänderlich hin.

Rehabilitierung von Justizopfern

Es gab seit Oktober 1989 eine Fülle selbstkritischer Äußerungen von DDR-Richtern. Allerdings war die zur Tradition gewordene Bereitschaft der Richter und Richterinnen, beim Schreiben politischer Urteile sich die Hand von der Partei führen zu lassen, noch nicht überwunden.

Mit Beginn der kurzen Regentschaft von Egon Krenz als Generalsekretär des ZK der SED im Oktober 1989 wurden Korrekturen an der politischen Strafjustiz, insbesondere der Ulbricht-Ära, eingeleitet. Sie betrafen vorrangig verurteilte ehemalige Parteigenossen. Doch der Weg war der vertraute, alte. Die Zentrale Parteikontrollkommission (ZPKK) prüfte den Fall, dann legte sie ihr Ergebnis dem Politbüro zur Beschlussfassung vor. Hielt dieses eine Rehabilitierung für angemessen, durfte die Justiz das alte Urteil im Wege der so genannten Kassation aufheben, den einst Verurteilten rehabilitieren.

So war es beispielsweise im Fall Walter Jankas, der 1957 zusammen mit Wolfgang Harich und anderen SED-Mitgliedern zu einer langen Zuchthausstrafe verurteilt worden war. Ordentlich wurde erst die Entscheidung der ZPKK abgewartet, bevor das Politbüro am 28. November 1989 mit dem Tagesordnungspunkt 15 „Beschluss der ZPKK über Walter Janka" dessen Rehabilitierung auf den Weg brachte. Zwar hatte im Dezember 1989 das Oberste Gericht der DDR die zuvor zitierte Selbstkritik geübt. Wirksam wurde sie nicht. Am 5. Januar 1990 gab das Oberste Gericht vermutlich zum letzten Mal eine Entscheidung des Politbüros als eigenes Urteil aus, indem es Janka förmlich rehabilitierte.[124]

Diese Entscheidung begünstigte zwar ein Opfer der politischen Strafjustiz aus den 50er Jahren. Doch strukturell blieb es ein Verfahren nach alter SED-Tradition. Das heimliche „oberste Gericht" in Gestalt des Politbüros der SED fällte das Urteil – die Richter am offiziellen Obersten Gericht hatten die Aufgabe, es zu verkünden. Sie waren und blieben bis zum letzten Tage Justizfunktionäre der SED.

4 DDR – ein Unrechtsstaat?

–Etwa 200.000 bis 250.000 Urteile der politischen Strafjustiz sowie die unzähligen zivil-, familien- und arbeitsrechtlichen Entscheidungen, bei denen aus politischen Gründen Bewohnern der DDR systematisch jene Rechte verweigert wurden, die in den Gesetzbüchern versprochen waren, machen eine Bejahung dieser Frage plausibel, auch wenn die überwiegende Zahl von Entscheidungen der DDR-Gerichte sich im Rahmen einer Justizpraxis bewegte, die sich an die Gesetze der DDR hielt.

Hilfreicher als der unmittelbar wertende Begriff des Unrechtsstaates zur Typisierung der Rechtspraxis in der DDR ist ein Begriffsinstrumentarium, das in der Analyse der rechtlichen Verfasstheit der NS-Diktatur von Ernst Fraenkel entwickelt wurde. Er beobachtete die Rechtspraxis des NS-Staates bis zu seiner Emigration aus Deutschland im Jahre 1938.

Kennzeichnend für das NS-Regime sei, so Fraenkel, die Herausbildung einer Sphäre politischer Gewalt, für die das gesamte geltende Recht unter dem „Vorbehalt des Politischen“ stünde, d.h. unter dem Vorbehalt der Ideologie und der Ziele des NS-Regimes. Die Folge sei, dass es „keine Materie des gesellschaftlichen oder wirtschaftlichen Lebens gibt, die dem Zugriff des Maßnahmestaates entzogen ist“. Und weiter heißt es bei ihm: „Die gesamte Rechtsordnung steht zur Verfügung der politischen Instanzen. So weit jedoch die politischen Instanzen von ihren Machtbefugnissen keinen Gebrauch machen, regelt sich das private und öffentliche Leben nach den Normen des überkommenen oder neu geschaffenen Rechts.“

Für dieses Phänomen, für das Nebeneinander eines seine Gesetze im allgemeinen respektierenden „halbierten“ Rechtsstaates und eines gleichzeitig die Gesetze systematisch missachtenden Terrorstaates, prägte Fraenkel den Begriff des „Doppelstaates“, der sich in einen „Gesetzesstaat“ und einen „Maßnahmestaat“ aufspaltet.

Es scheint, dass diese Kategorien auch hilfreich sind, um die Rolle des Rechts im Staat von Walter Ulbricht und Erich Honecker „auf den Begriff“ zu bringen. Damit soll nicht angedeutet werden, dass auch das Ausmaß der Verbrechen, die in beiden diktatorischen Regimen im Parteiauftrag hinter rechtlichen Formen versteckt und begangen worden sind, gleich wäre. Der Unterschied zwischen der massenmörderischen NS-Diktatur und dem SED-Regime soll nicht verwischt werden. In den über 12 Jahren der NS-Diktatur wurden, so der heutige Stand der Forschung, abgesehen vom millionenfachen Massenmord in den Vernichtungslagern, zwischen 40.000 und 60.000 Todesurteile ausgesprochen, in vierzig Jahren SED-Diktatur ca. 200 Todesurteile – um an einem Beispiel schlaglichtartig die Differenzen zu verdeutlichen. Gleichwohl, und hierauf weist gerade die Totalitarismusforschung hin, gibt es zwischen beiden diktatorischen Regimen in den politischen Formen der Herrschaftsorganisation und -praxis eine Reihe von Parallelen.▮[125]

Was Maßnahmestaat rechtlich bedeutete, zeigt sich gewiss am deutlichsten im Bereich der politischen Strafjustiz der DDR. Doch griff der Maßnahmestaat weit über das politische Strafrecht hinaus, wenn es beispielsweise um arbeitsrechtliche Streitigkeiten mit einem Beschäftigten ging, der einen Ausreiseantrag gestellt hatte, oder im Streit um das Sorgerecht für die Kinder zwischen Ehepartnern, von denen der eine einen Ausreiseantrag gestellt hatte, der andere jedoch das Leben in der DDR vorzog. In solchen arbeits- oder zivilrechtlichen Konfliktsituationen hielten sich die Richter – entsprechend angewiesen – nicht mehr an das geschriebene Recht, sondern an die von rechtlichen Garantien völlig unabhängige politische Entscheidung zu Lasten des politischen ›Gegners‹.

Der durch keine Gewaltenteilung behinderte reale Souverän des politischen Systems der DDR waren das Politbüro der SED und der Erste Sekretär beziehungsweise Generalsekretär des Zentralkomitees. Sie beanspruchten hinter der Fassade des Verfassungsstaates nicht nur die Herrschaft über die Gesetzgebung und die personelle Zusammensetzung des Staatsapparates (unter anderem geregelt im Nomenklatursystem), sondern bei politischem Bedarf gleichermaßen die Herrschaft über die Festnahme, Anklageerhebung und Tatbestandsfestlegung, über Verfahrensablauf, Urteilsfindung und Gnadenentscheidungen. Anders gesagt, es gab keine Ebene justizieller Verfahren und Abläufe, die für die Parteiführung prinzipiell „eingriffsfest“ war.

5 Anhang

5.1 Personalien

Walter Ulbricht
30.6.1893 – 1.8.1973
Mitglied des ZK der KPD/SED 1929 – 1973; Generalsekretär/Erster Sekretär des ZK der SED 1950–1971, Staatsratsvorsitzender 1960 – 1973
Geboren in Leipzig, Vater Schneider; Volksschule, 1907–11 Ausbildung zum Tischler; 1908 Mitglied der Sozialistischen Arbeiterjugend (SAJ), 1912 SPD-Eintritt; 1915 – 18 Kriegsdienst, im November 1918 Mitglied des Soldatenrats des 19. Armeekorps; Januar 1919 Mitbegründer der KPD in Leipzig, Mitglied der Bezirksleitung Mitteldeutschland, seit 1923 Mitglied der Zentrale beziehungsweise des Zentralkomitees der KPD; 1926 – 29 Abgeordneter des sächsischen Landtags, ab 1928 Mitglied des Deutschen Reichstags; 1929 – 46 Mitglied des Politbüros des ZK der KPD, 1932 – 46 Mitglied des Sekretariats des ZK; 1933 Emigration und bis 1935 Mitglied der Auslandsvertretung der KPD in Paris, 1935 – 38 Leiter der Operativen Leitung beziehungsweise des Sekretariats des ZK in Prag beziehungsweise Paris; 1938 – 45 Aufenthalt in Moskau.
Am 30.4.1945 Rückkehr nach Deutschland als Leiter der KPD-Gruppe für Berlin; 1945/46 Mitglied des ZK und des Sekretariats der KPD; 1946 – 73 Mitglied des Parteivorstandes beziehungsweise ZK der SED, 1946 – 50 stellvertretender Vorsitzender der SED; 1946 – 51 Abgeordneter des Landtags von Sachsen-Anhalt, ab 1949 Mitglied der Volkskammer, 1949 – 55 Stellvertreter, 1955 – 60 Erster Stellvertreter des Vorsitzenden des Ministerrats; 1950 – 53 Generalsekretär, 1953 – 71 Erster Sekretär des ZK der SED; 1960 – 71 Vorsitzender des Nationalen Verteidigungsrats, 1960 – 73 Vorsitzender des Staatsrats der DDR.

Dr. Ernst Karl Melsheimer
9.4.1897 – 25.3.1960
Generalstaatsanwalt der DDR 1949 – 1960
Als Sohn eines Direktors des Stumm-Konzerns 1897 in Neunkirchen/Saarland geboren. Kriegsfreiwilliger im Ersten Weltkrieg. Jurastudium. 1924 Landgerichtsrat beim Landgericht Berlin. Von 1928 bis 28. Februar 1933 SPD-Mitglied. Zwischen 1924 bis 1937 nahezu ununterbrochen tätig im Preußischen Justizministerium/Reichsjustizministerium – zuständig für Fragen der freiwilligen Gerichtsbarkeit. Mitglied des NS-Rechtswahrerbundes ab 1. Juli 1936 und der NS-Volkswohlfahrt ab 1. August 1935. Ab dem 1. Oktober 1937 Kammergerichtsrat in Berlin (Zivilkammer) bis zur Eroberung Berlins.
1945/46 Eintritt in die KPD/SED und Staatsanwalt in Berlin. 1946 – 1949 Vizepräsident der Deutschen Zentralverwaltung für Justiz in der SBZ. Seit dem Eid auf die DDR-Verfassung am 7.12.1949 bis zum Tod im März 1960 Generalstaatsanwalt der DDR. Ankläger in vielen Schauprozessen.

Hilde Benjamin
5.2.1902 – 18.4.1989
Vizepräsidentin des Obersten Gerichts 1950 – 1953, Ministerin der Justiz 1953 – 1967
1902 in Bernburg als Tochter eines kaufmännischen Angestellten geboren; Jurastudium, 1924/25 SPD-Mitglied; 1926 Ehe mit dem kommunistischen Arzt Georg Benjamin, der 1942 im KZ Mauthausen ums Leben kam; seit 1927 KPD-Mitglied; 1928 – 33 Rechtsanwältin in Berlin-Wedding; Anwältin der Roten Hilfe; 1933 Berufsverbot; 1934 – 39 Beraterin der sowjetischen Handelsgesellschaft in Berlin; während des Krieges dienstverpflichtet.
Nach der Kapitulation Deutschlands zunächst Oberstaatsanwältin in Berlin; 1946 – 49 Leiterin der Kaderabteilung der Deutschen Zentralverwaltung für Justiz der SBZ; seit 1946 SED-Mitglied; 1949 – 53 Vizepräsidentin des Obersten Gerichts, Vorsitzende in einer Reihe von Schauprozessen; ab 15.7.1953 Justizministerin (Nachfolgerin des am 20. Juli 1953 verhafteten Justizministers Max Fechner); 1954 – 89 Mitglied des ZK der SED; im Juli 1967 zum Rücktritt gezwungen; ab 1967 Professorin und Leiterin eines Lehrstuhls „Geschichte der Rechtspflege".

Erich Honecker
25.8.1912 – 29.5.1994
Erster Sekretär/Generalsekretär des ZK der SED 1971 – 1989, Staatsratsvorsitzender 1976 – 1989
1912 in Neunkirchen (Saarland) als Sohn eines Bergarbeiters geboren; 1926 Eintritt in den Kommunistischen Jugendverband (KJVD); Lehre als Dachdecker; seit 1929 KPD-Mitglied; ab 1930 hauptamtlicher Mit-

arbeiter des KJVD, 1930/31 Besuch der Internationalen Leninschule in Moskau; 1933–35 illegale Tätigkeit in Nazideutschland; 1935 verhaftet und 1937 zu zehn Jahren Zuchthaus verurteilt, Haft im Zuchthaus Brandenburg-Görden.
Nach der Befreiung bis 1946 Jugendsekretär des ZK der KPD; 1946 Mitbegründer und bis Mitte 1955 Vorsitzender der Freien Deutschen Jugend (FDJ), seit 1946 Mitglied des Parteivorstands beziehungsweise ZK der SED, seit 1950 Kandidat, ab 1958 Mitglied des Politbüros, ab 1958 Sekretär des ZK, seit dem 3.5.1971 Erster Sekretär (seit 1976 Generalsekretär) des ZK der SED und Vorsitzender des Nationalen Verteidigungsrats; seit November 1976 auch Vorsitzender des Staatsrats.
Am 18.10.1989 zum Rücktritt von allen Ämtern gezwungen; im November 1989 leitet der Generalstaatsanwalt der DDR ein Ermittlungsverfahren wegen Amtsmissbrauch und Korruption ein; am 3.12.1989 Ausschluss aus der SED; 29./30.1. 1990 in U-Haft, wegen Haftunfähigkeit entlassen; ab 3.4.1990 im Spital der Westgruppe der Sowjetarmee in Beelitz; 30.11.1990 neuer Haftbefehl; im März 1991 Zuflucht nach Moskau; am 29.7.1991 Rückführung nach Berlin; hier bis 13.1.1993 in U-Haft; angeklagt vor der 27. Großen Strafkammer des Berliner Landgerichts; am 13.1.1993 nach einer Entscheidung des Berliner Verfassungsgerichtshofs Aufhebung des Haftbefehls und Ausreise nach Santiago de Chile, dort verstorben.

Politische Häftlinge und Ausreiseantragsteller

Wegen „Staatsverbrechen" einsitzende Häftlinge je Quartal 1953 bis 1961

Jahr	Häftlinge insgesamt	davon: Strafgefangene	wegen Staatsverbrechen	wegen Staatsverbrechen Verurteilte in Prozent aller Strafgefangenen
1953/IV	43.116	36.186	12.520	34,6
1954/I	37.668	32.422	11.607	35,8
1954/II	40.001	34.768	12.447	35,8
1954/III	40.911	36.018	12.966	36,0
1954/IV	45.812	39.488	14.097	35,7
1955/I	48.411	42.180	14.214	33,7
1955/II	48.396	41.433	13.631	32,9
1955/III	48.914	42.645	13.988	32,8
1955/IV	47.693	39.920	13.014	32,6
1956/I	48.747	41.940	13.127	31,2
1956/II	31.806	29.442	11.129	37,8
1956/III	25.885	22.500	8.115	39,9
1956/IV	22.343	20.191	6.044	33,9
1957/I	22.362	20.211	5.902	29,2
1957/II	24.854	21.000	4.965	26,1
1957/III	26.727	23.000	5.149	24,9
1957/IV	27.777	22.760	5.167	22,7
1958/I	30.957	25.000	5.381	23,3
1958/II	36.769	27.500	6.097	23,4
1958/III	42.035	33.000	7.913	24,0
1958/IV	36.889	31.850	4.681	14,7
1959/I	35.992	31.000	6.695	21,6
1959/II	34.362	29.000	6.257	21,6
1959/III	34.569	28.500	6.065	21,3
1959/IV	34.172	28.739	6.021	21,0
1960/I	34.979	29.442	5.783	19,6
1960/II	34.125	28.754	5.934	20,6
1960/III	35.160	29.046	6.257	21,5
1960/IV	23.414	18.198	7.183	39,5
1961/I	24.303	20.314	–	–
1961/II	23.237	18.821	– (keine Angaben)	–
1961/III	31.718	22.746	–	–
1961/IV	37.866	28.960	8.117	26,9

Quelle: Interne Zählung der Hauptverwaltung Strafvollzug des MdI der DDR

Antragsteller auf dauerhafte Ausreise 1977 – 89

Jahr	Antragsteller	Erst-Antragsteller	Rücknahme von Anträgen	Zuwachs von Anträgen	Ausreisende
1977	-	8,4	0,8	8,0	3,5
1978	-	5,4	0,7	4,7	4,9
1979	-	7,7	4,3	3,4	5,4
1980	21,5	9,8	4,7	5,1	4,4
1981	23,0	12,3	5,0	7,3	9,2
1982	24,9	13,5	6,5	7,0	7,8
1983	30,4	14,8	5,6	9,2	6,7
1984	50,6	57,6	17,3	40,3	29,8
1985	53,0	27,3	11,3	16,0	17,4
1986	78,6	50,6	10,8	39,8	16,0
1987	105,1	43,2	12,8	30,4	7,6
1988	113,5	42,4	11,7	30,7	25,3
1989 (bis 30.6.)	125,4	23,0	1,4	21,6	34,6

Zahlenangaben in Tausend (ohne Rentner, Zusammenführung von Eltern mit ihren minderjährigen Kindern und pflegebedürftigen Angehörigen und Ehegatten)

Quelle: MfS-Handbuch, Die ZKG, S. 50

Gesetzliche Grundlagen für Urteile gegen Ausreiseantragsteller

§ 99: Landesverräterische Nachrichtenübermittlung

(1) Wer der Geheimhaltung nicht unterliegende Nachrichten zum Nachteil der Interessen der Deutschen Demokratischen Republik an die im § 97 genannten Stellen oder Personen übergibt, für diese sammelt oder ihnen zugänglich macht, wird mit Freiheitsstrafe von zwei bis zu zwölf Jahren bestraft.

(...)

§ 100: Landesverräterische Agententätigkeit

(1) Wer zu den im § 97 genannten Stellen oder Personen Verbindung aufnimmt oder sich zur Mitarbeit anbietet oder diese Stellen oder Personen in sonstiger Weise unterstützt, um die Interessen der Deutschen Demokratischen Republik zu schädigen, wird mit Freiheitsstrafe von einem Jahr bis zu zehn Jahren bestraft.

(...)

§ 106: Staatsfeindliche Hetze

(1) Wer die verfassungsmäßigen Grundlagen der sozialistischen Staats- und Gesellschaftsordnung der Deutschen Demokratischen Republik angreift oder gegen sie aufwiegelt, indem er

1. die gesellschaftlichen Verhältnisse, Repräsentanten oder andere Bürger der Deutschen Demokratischen Republik wegen deren staatlicher oder gesellschaftlicher Tätigkeit diskriminiert;
2. Schriften, Gegenstände oder Symbole zur Diskriminierung der gesellschaftlichen Verhältnisse, von Repräsentanten oder anderen Bürgern herstellt, einführt, verbreitet oder anbringt;
3. die Freundschafts- und Bündnisbeziehungen der Deutschen Demokratischen Republik diskriminiert;
4. Verbrechen gegen den Staat androht oder dazu auffordert, Widerstand gegen die sozialistische Staats- und Gesellschaftsordnung der Deutschen Demokratischen Republik zu leisten;
5. den Faschismus oder Militarismus verherrlicht oder Rassenhetze treibt, wird mit Freiheitsstrafe von einem bis zu acht Jahren bestraft.

(2) Wer zur Durchführung des Verbrechens mit Organisationen, Einrichtungen oder Personen zusammenwirkt, deren Tätigkeit gegen die Deutsche Demokratische Republik gerichtet ist oder das Verbrechen planmäßig durchführt, wird mit Freiheitsstrafe von zwei bis zu zehn Jahren bestraft.

(...)

§ 214: Beeinträchtigung staatlicher oder gesellschaftlicher Tätigkeit

(1) Wer die Tätigkeit staatlicher Organe durch Gewalt oder Drohungen beeinträchtigt oder in einer die öffentliche Ordnung gefährdenden Weise eine Missachtung der Gesetze bekundet oder zur Miss-

achtung der Gesetze auffordert, wird mit Freiheitsstrafe bis zu drei Jahren oder mit Verurteilung auf Bewährung, Haftstrafe, Geldstrafe oder mit öffentlichem Tadel bestraft.

(2) Ebenso wird bestraft, wer gegen Bürger wegen ihrer staatlichen oder gesellschaftlichen Tätigkeit oder wegen ihres Eintretens für die öffentliche Ordnung und Sicherheit mit Tätlichkeiten vorgeht oder solche androht.

(...)

§ 217: Zusammenrottung

Wer sich an einer die öffentliche Ordnung und Sicherheit beeinträchtigenden Ansammlung von Personen beteiligt und sie nicht unverzüglich nach Aufforderung durch die Sicherheitsorgane oder andere zuständige Staatsorgane verlässt, wird mit Freiheitsstrafe bis zu zwei Jahren oder mit Verurteilung auf Bewährung, mit Haftstrafe oder mit Geldstrafe bestraft.

(...)

§ 219: Ungesetzliche Verbindungsaufnahme

(1) Wer zu Organisationen, Einrichtungen oder Personen, die sich eine gegen die staatliche Ordnung der Deutschen Demokratischen Republik gerichtete Tätigkeit zum Ziele setzen, in Kenntnis dieser Ziele oder Tätigkeit in Verbindung tritt, wird mit Freiheitsstrafe bis zu fünf Jahren, Verurteilung auf Bewährung oder mit Geldstrafe bestraft.

(2) Ebenso wird bestraft

1. wer als Bürger der Deutschen Demokratischen Republik Nachrichten, die geeignet sind, den Interessen der Deutschen Demokratischen Republik zu schaden, im Ausland verbreitet oder verbreiten lässt oder zu diesem Zweck Aufzeichnungen herstellt oder herstellen lässt;
2. wer Schriften, Manuskripte oder andere Materialien, die geeignet sind, den Interessen der Deutschen Demokratischen Republik zu schaden, unter Umgehung von Rechtsvorschriften an Organisationen, Einrichtungen oder Personen im Ausland übergibt oder übergeben lässt.

(...)

§ 220 Öffentliche Herabwürdigung

(1) Wer in der Öffentlichkeit die staatliche Ordnung oder staatliche Organe, Einrichtungen oder gesellschaftliche Organisationen oder deren Tätigkeit oder Maßnahmen herabwürdigt, wird mit Freiheitsstrafe bis zu drei Jahren oder mit Verurteilung auf Bewährung, Haftstrafe, Geldstrafe oder mit öffentlichem Tode bestraft.

(2) Ebenso wird bestraft, wer Schriften, Gegenstände oder Symbole, die geeignet sind, die staatliche oder öffentliche Ordnung zu beeinträchtigen, das sozialistische Zusammenleben zu stören oder die staatliche oder gesellschaftliche Ordnung verächtlich zu machen, verbreitet oder in sonstiger Weise anderen zugänglich macht.

§ 249: Beeinträchtigung der öffentlichen Ordnung und Sicherheit durch asoziales Verhalten

(1) Wer das gesellschaftliche Zusammenleben der Bürger oder die öffentliche Ordnung und Sicherheit beeinträchtigt, indem er sich aus Arbeitsscheu einer geregelten Arbeit entzieht, obwohl er arbeitsfähig ist, wird mit Verurteilung auf Bewährung, Haftstrafe oder mit Freiheitsstrafe bis zu zwei Jahren bestraft.

(2) Ebenso wird bestraft, wer der Prostitution nachgeht oder in sonstiger Weise die öffentliche Ordnung und Sicherheit durch eine asoziale Lebensweise beeinträchtigt.

(...)

Quelle: Strafgesetzbuch der DDR

5.2 Anmerkungen

[1] Heuer, Uwe-Jens; Riege, Gerhard: Der Rechtsstaat – eine Legende?, Baden-Baden 1992

[2] Kirchheimer, Otto: Politische Justiz – Verwendung juristischer Verfahrensmöglichkeiten zu politischen Zwecken, Neuwied und Berlin, 1. Aufl. 1965

[3] Schroeder, Friedrich-Christian: Das Strafrecht des realen Sozialismus, Opladen 1983, S. 56

[4] Grotewohl, Otto: Einleitung zu einer broschierten Ausgabe der DDR-Verfassung des Jahres 1949, S. 10

[5] Heuer, Uwe-Jens; Schumann, Michael: Wo verläuft die Grenze zwischen DDR-Recht und -Unrecht?, in: Frankfurter Rundschau, 28. Oktober 1992, Dokumentationsseite

[6] Siehe Deutscher Bundestag (Hg.): Materialien der Enquete-kommission „Aufarbeitung von Geschichte und Folgen der

SED-Diktatur in Deutschland", Neun Bände in 18 Teilbänden, Baden-Baden 1995

[7] BArch DY 30, SAPMO IV 2/101/70, Tagungsprotokoll S. 232,

[8] BArch DP1-258, Bl. 221, Prozente eigene Berechnung

[9] Literatur zu den Waldheimer Prozessen einschließlich Urteil LG Leipzig 1993 gegen Otto

[10] Auflösung der Internierungslager, in: Neues Deutschland, Nr. 14 v. 17.1.1950, S. 1; Briefwechsel zwischen W. Tschujkow, Vorsitzender der Sowjetischen Kontrollkommission (SKK), und W. Ulbricht als stellvertretender Ministerpräsident der DDR; vgl. auch Neues Deutschland, Nr. 15 v. 18.1.1950, S.1: „Entlassung der Internierten hat begonnen"

[11] Abschlussbericht über die Kriegsverbrecherprozesse beim Landgericht Chemnitz in Waldheim, gez. Paul Hentschel, BArch DY 30 SAPMO IV/2/13/432, S.2

[12] Abschlussbericht (siehe Anmerkung 11)

[13] Landgericht Leipzig, Urteil vom 1.9.1993 – 1 Ks 04 Js 1807/91: Erstes Urteil gegen ehemaligen Richter der „Waldheimer Prozesse", in: Neue Justiz, 48. Jg., 1994, H. 3, S. 111–115; Landgericht Leipzig, Urteil vom 1.9.1993 – 1 Ks 04 Js 1807/91; LG Leipzig: Urteil vom 18.7.1996 gegen Ilse Kühne (1 Ks 20 Js 5115/93)

[14] Zwischenbericht Nr. 1 vom 19.5.1950, S. 5; in der Anlage 1 zum ersten Zwischenbericht Plenikowskis ist D. s Begründung im Wortlaut wiedergegeben.

[15] Das Schwurgericht beim LG München I verurteilte den ehemaligen SS-Obersturmführer Kurt Trimmborn und den ehemaligen SS-Untersturmführer Friedrich Severin – er erhielt in Waldheim 20 Jahre Haft – am 14.7.72 wegen Beihilfe zu einem Verbrechen des gemeinschaftlichen Mordes in mindestens 200 rechtlich zusammentreffenden Fällen zu je vier Jahren Haft, Az.: 114 Ks 4 a–c/70. Das Gericht sah es als erwiesen an, dass beide Männer als Angehörige eines Einsatzkommandos der Einsatzgruppe „D", die unter Führung des SS-Standartenführers Otto Ohlendorf stand, in der Ortschaft Taganrog, UdSSR, am Massenmord an jüdischen Bewohnern beteiligt gewesen waren. Diese Taten, so das Gericht, waren 1950 in Waldheim nicht Gegenstand der Verhandlung gewesen.

[16] Kammergericht Westberlin in: NJW 1954, S. 1902, Beschluss vom 15.3.1954, Az.: 1 RHE.AR.7/54 – 1 a Ws. 26/54

[17] Im Juni 1933 kam es durch die SA in Berlin-Köpenick zu ungesetzlichen Festnahmen politischer Gegner. Sie wurden in das dortige Amtsgerichtsgefängnis verschleppt und entsetzlich gefoltert. Die SA ermordete mindestens 23 der Festgenommenen. In zwei Strafverfahren (1948 und 1950)zog man die Täter, so weit man ihrer habhaft werden konnte, zur Verantwortung.

[18] LG Berlin, Beschluss vom 15.1.1996 – (550 u.a. Rh) 3 Js 133/94 – Rehabilitierungsfall „Köpenicker Blutwoche", in: Deutsch-Deutsche Rechtszeitschrift (DtZ), H. 5/1996, S. 154f.

[19] Darstellung nach dem Urteil des Schwurgerichts München I, Az.: 114 Ks 4 a–c/70

[20] Persönliche Mitteilung, ergänzt durch zur Verfügung gestellte Dokumente

[21] Urteils-Faksimile in Waldemar Krönig/Klaus-Dieter Müller: Anpassung – Widerstand – Verfolgung: Hochschulen und Studenten in der SBZ und DDR 1945–1961, Köln 1994, S. 546

[22] Ausführlich zur „Gruppe Esch" als Beispiel studentischen Widerstands in der Gründungsphase der DDR, siehe: Köpke, Horst; Wiese, Friedrich-Franz (Hg.): Mein Vaterland ist die Freiheit. Das Schicksal des Studenten Arno Esch, Hinstorff Verlag, Rostock 1990

[23] Anklageschrift, Urteil, weitere Dok. Archiv FW.

[24] Entscheidungen des Obersten Gerichts der DDR in Strafsachen, 1. Bd., S. 33 ff. Zur Auslegungsbreite vgl. Schuller, Wolfgang: Geschichte und Struktur des politischen Strafrechts der DDR bis 1968, Ebelsbach 1980, S. 35 ff.

[25] Bericht vor der Enquetekommission, 41. Sitzung, Bd. IV, S. 243f.

[26] SED-Landesleitung Sachsen, Abt. Staatliche Verwaltung, Justiz, Dresden, den 18.10.1951, Betr. Prozess gegen 19 Werdauer Oberschüler, BArch DY 30 SAPMO IV 2/13/433

[27] Ebd.

[28] Dok. im Archiv des Autors

[29] Ebd., S.3

[30] Ebd., S.2

[31] Bericht über den in Zwickau/Sachsen durchgeführten Prozess gegen 19 Schüler der Oberschule Werdau, Berlin, den 20.11.1951

[32] Bericht über die Vorkommnisse im Dorf Dähre, Kreis Salzwedel, am 19.12.1951, Landesarchiv Merseburg, Bestand SED-Landesleitung Sachsen-Anhalt, IV L2/3/53, Bl. 124ff.

[33] Ebd.

[34] Zeugenaussage W. M., Dähre, 14.1.52, BStU ZA 298/58, Bd. 1

[35] 1. Strafsenat des LG Magdeburg, Urteil vom 30.6.1952 , Az.: I 186/52

[36] Kreisgericht Zittau, Urteil vom 9.4.53, Az.: 2Ds 107/53, K II 39/53, Archiv des Autors

[37] Anklageschrift, 24.3.53, StA des Kreises Zittau, Az.: K II 39/53, Archiv des Autors

[38] Benjamin, Hilde: Die Hauptaufgaben der Justiz bei der Durchführung des neuen Kurses, überarbeitetes und ergänztes Stenogramm einer Rede, gehalten vor Funktionären der Justiz am 29. August 1953, Beilage zu NJ 1953

[39] Bericht 16.6.–22.6.1953, BArch, Bestand MdI, DP 01/11/45, Bl. 60ff., vgl. auch MdI, HV Strafvollzug, Jahresbericht 1953, BArch DP 01/11/117.2

[40] Eine ausführliche Darstellung des Falles in Falco Werkentin, Politische Strafjustiz in der Ära Ulbricht, Berlin 1995, S. 198

[41] BArch DP 1-S-1053, Bericht über den Prozess gegen die KZ-Kommandeuse Erna Dorn in Halle, Berlin, den 23.6.1953

[42] Ebd., Brief von Hilde Benjamin an das ZK, z.Hd. Anton Plenikowski, vom 25. Juni 1953

[43] BArch DY 30 SAPMO, J IV 2/2/322.

[44] National Archive, Washington D.C., RG 338 NND 775032, Box 522 (War Crimes)

[45] Vgl. Neuer Tag, 28.6.1953: Das Ende der Provokateure von Strausberg

[46] Aus einem Text „Mein Lebenslauf", den Herr Berger zur Verfügung stellte

[47] BArch DY 30 SAPMO NL 182/1121 – „Bericht der leitenden Genossen im Ministerium der Justiz und der Generalstaatsanwaltschaft ...", die Differenz zwischen der Gesamtzahl der Verurteilten und der nach Strafhöhen aufgeschlüsselten Ziffern dürfte sich daraus er-

klären, dass auch Geldbußen o.ä. verhängt wurden, die bei den nach der Strafhöhe aufgeschlüsselten Ziffern nicht erwähnt sind.

[48] BArch DP 1-S-1053, Bl. 257

[49] „Über die Lage und die unmittelbaren Aufgaben der Partei", hier zitiert nach der Dokumentation in Fricke, K. W.; Spittmann, I. (Hg.): 17. Juni – Arbeiteraufstand in der DDR, Köln, 2. Aufl 1988, S. 210 ff.

[50] Problem I und Thesen, Problem II und Thesen etc., insgesamt sechs Seiten über Stärkung des Erziehungsgedankens, Durchsetzung der sozialistischen Gesetzlichkeit etc. (Autor nicht genannt), BArch DY 30, SAPMO IV 2/13/103

[51] Die Darstellung folgt dem autobiograph. Bericht von Fricke, K.W.: Akteneinsicht, Berlin 1996

[52] Bericht vor der Enquetekommission, 41. Sitzung, Bd. IV, S. 211f.

[53] Vgl. auch seinen Bericht vor der Enquetekommission, 21. Sitzung, Bd. II, 1, S. 232f.

[54] Urteil vom 20.9.1957 – 1 Zst (I) 3/57 gegen fünf Angeklagte, Vorwurf: Spionage für den CIC, F. Weihe u.a., LL, Spionage; Urteil in: NJ 1957, S. 608ff.

[55] Bezirksgericht Neubrandenburg, Urteil vom 3.11.1958 in der Strafsache gegen den ehemaligen Richter Udo Gemballa, in: Deutsch-Deutsche Rechtszeitschrift (DtZ), 1990, H. 8, S.272ff.

[56] StEG, GBl. I, 1957, S. 643

[57] Entwurf in BArch DY 30 SAPMO IV 2/13/103

[58] Anlage 4 zum Politbüroprotokoll vom 3.12.1957, BArch DY 30 SAPMO J IV 2/2/569

[59] GBl. I, 1957, S. 650

[60] Ausführliche Nachweise bei Schuller 1980, a.a.O., S. 54ff., 70f., 215ff.

[61] GStA, Berlin, den 16.5.58, BArch DY 30 SAPMO IV 2/13/414

[62] NJ 1959, S. 723ff.

[63] Ebd. 1959, S. 789

[64] Bericht der Strafverfolgungsorgane der DDR über die Bewegung der Kriminalität im Jahre 1956, BArch DY 30 SAPMO IV 2/13/414, und MdJ, 29.9.58: Information über die Arbeit der Untersuchungsorgane ... bei der Bekämpfung von Staatsverleumdung und staatsgefährdender Hetze, BArch DY 30 SAPMO IV 2/13/414

[65] MdJ und Generalstaatsanwalt: Gemeinsame Anleitung zur Verbesserung der Arbeit der StA und der Gerichte bei der Bekämpfung von Hetze und Staatsverleumdung, 2.10.1958, BArch DY 30 SAPMO IV 2/13/414

[66] Vortrag „Widerstand und Opposition in Jena", 67. Sitzung, Bd. VII,1, S. 132f.

[67] ZK, Staat und Recht, Programm für die Arbeit des Sektors Justiz (o.J., 1958), BArch DY 30 SAPMO IV 2/13/414

[68] Bericht der Strafverfolgungsorgane der DDR über die Bewegung der Kriminalität 1958, BArch DY 30 SAPMO IV 2/13/414, S. 13a, vgl. auch Krönig/ Müller: Anpassung – Widerstand – Verfolgung, Köln 1994, S. 300f.

[69] BG Halle, 15.9.1958; Az.: 1 Bs. 367/58; I 564/58

[70] MdJ und Generalstaatsanwalt: Gemeinsame Anleitung zur Verbesserung der Arbeit der StA und der Gerichte bei der Bekämpfung von Hetze und Staatsverleumdung, 2.10.1958

[71] Bericht des GStA vom 15.10.1968: Statistische Angaben über Täter, die in Zusammenhang mit den Ereignissen in der ČSSR 1968 straffällig wurden; BArch DP1 -VA-8778

[72] Urteil des BG Magdeburg, 10.10.1968 (Az.: I BS 27/68), Faksimile in Klein, Wolfram: Die politische Rechtsprechung in Strafsachen der DDR, dargestellt an Beispielen aus der Rechtsprechung im früheren Bezirk Magdeburg und ihrer strafrechtlichen Verfolgung, in: Gedenkstätte für die Opfer politischer Gewalt in Sachsen-Anhalt 1945–1989/Friedrich-Ebert-Stiftung/Konrad-Adenauer-Stiftung: Die Steuerung der Justiz im SED-Staat, Magdeburg 1994

[73] Furian Gilbert, Mehl aus Mielkes Mühlen, Berlin 1991, S. 284ff.

[74] Ebd., S. 125ff.

[75] Rühle, Jürgen; Holzweißig, Gunter: 13. August 1961 – Die Mauer von Berlin, 2. Aufl., Köln 1986, S. 154

[76] Daten aus: Analyse der Entwicklung der Kriminalität im Jahre 1965, BArch DY 30 SAPMO IV A2/13/-205 (für 1961–65); aus: BArch DY 30 SAPMO IV 2/13/ 416 „Entwurf: Bericht ... über Bekämpfung der Kriminalität im Jahre 1960" (für 1958–60); aus den Statistischen Informationen des GStA der DDR für 1966 – 1970; BArch DP 1-VA-8780 u. – 8781

[77] Angaben aus: Arbeitsgemeinschaft 13. August (Hg.): Grenzen durch Berlin und durch Deutschland, Todesopfer, Stand: August 1995 (ohne Todesfälle bei Fluchtversuchen über die Ostsee; an den DDR-Grenzen zum Ostblock; an den Grenzen von Ostblockländern zu westl. Ländern)

[78] Ministerium der Justiz: Bewegung der Kriminalität im Jahre 1955; BArch DY 30 SAPMO IV 2/13/411, S. 15

[79] Urteil vom 27.1.1956 – 1 Zst (I) 1/56 ,Urteil in NJ 1956, S. 99ff.

[80] LG Berlin, Entscheidung vom 27.5.1992, – 552/506 Kass 268/61 (3 Js 19/90)

[81] Zitiert nach dem Urteil des LG Berlin vom 17.7.1994 gegen Hans Reinwarth – (528) 29/2 Js 283/92 Ks (1/94). Reinwarth erhielt drei Jahre , neun Monate Haftstrafe wegen Rechtsbeugung in Tateinheit mit andere Delikten; der BGH hat Berufung verworfen, das Urteil ist rechtskräftig.

[82] BArch DY 30 SAPMO IV 2/13/416, S. 19

[83] GStA an Mielke, 15.12.1962, betr: Analyse über den Stand der Bekämpfung von Grenzverletzungen; BArch DP 3-4-120

[84] Einschätzung der Fahnenflucht im Einsatzraum Berlin in der Zeit vom 13.8. bis 10.9.61, BArch DY 30 SAPMO IV 2/12/72

[85] Verfahren von besonderer Bedeutung, 13.10.61, BArch DP 1-S-1183

[86] MdJ, Hauptabteilung II, 25.10.61: Gemeinsamer Bericht der Obersten Staatsanwaltschaft, der Militärstaatsanwaltschaft und des MdJ über einen Brigadeeinsatz bei der Militärstaatsanwaltschaft, BArch DY 30 SAPMO IV 2/12/47

[87] Vgl. Sekretariat des ZK, Protokoll vom 21.7.52, Top 16, BArch DY 30 SAPMO J IV 2/3/309: „Die Abteilung Staatliche Verwaltung wird beauftragt, drei Gerichte in der DDR auszusuchen, wo zuverlässige gute Genossen Richter und Staatsanwälte tätig sind, und die Justizverwaltungsstellen anzuweisen, dass künftig Prozesse gegen VP-Angehörige nur vor diesen Gerichten verhandelt werden dürfen."

[88] Urteil des BG Magdeburg vom 25.5.63 (I BS 23/63, Str. I 18/63) gegen VP-Angehörige wegen geplanter Republikflucht und Abhören von West-Radio, gegen S. Günther u.a.

[89] Vgl. auch Harry Seidels eigenen Bericht in der 21. Sitzung der Enquetekommission, Bd. II/1, S.229f.

[90] OG 1962, Urteil vom 4.7.1962 – 1 Zst (I) 2/62 – gegen Steglich u. a., in: NJ 1962, S. 428ff.; OG 1962, Urteil vom 3.9.1962 – 1 Zst (I) 3/62 – gegen Fink u.a., in: NJ 1962, S. 555ff.;

[91] OG-Urteil vom 29.12.1962 – 1 Zst (I) 4/62; gekürzt auch in: NJ, 1963, S. 36–39

[92] Hptm. R. Wagner: Der erfolgreiche Abschluss von OV durch Maßnahmen der Zersetzung gegen feindlich-negative Gruppen/Gruppierungen, welche im Sinne der politischen Untergrundtätigkeit aktiv wurden – untersucht am OV "Inspirator" der KD Weimar, Diplomarbeit an der Justizhochschule (JHS)des MfS, Abschluss: 15. August 1986, MfS VVS JHS o001-285/86

[93] MfS, der Minister, Befehl Nr. 1/75 vom 15.12.75 zur Vorbeugung, Aufklärung und Verhinderung des ungesetzlichen Verlassens der DDR und Bekämpfung des staatsfeindlichen Menschenhandels

[94] Charakteristischerweise als MfS-Verschlusssache (VVS MfS 008-7/77) registriert und vom OG, vom GStA und vom Bundesvorstand des FDGB den nachgeordneten Organen »nur mündlich« weitergeleitet

[95] Dok. im Archiv des Autors, vom Sohn des Hingerichteten zur Verfügung gestellt

[96] 12.1.73, Betr.: Strafverfahren gegen den Angestellten Sch., BArch DY 30 SAPMO IV 2/2031/12

[97] Angaben für 1971–78 aus: Statistische Jahresinformationen des GStA der DDR für 1971 – 1978; BArch DP 1-VA-8780 u. – 8781; Quelle für 1979–89: Generalstaatsanwalt der DDR, ausgewählte stat. Angaben 2. u. 8. Kapitel StGB

[98] Siehe hierzu Hirschmann (1992): Abwanderung, Widerspruch und das Schicksal der DDR, in: Leviathan – Zeitschrift für Sozialwissenschaft, S. 330 ff.

[99] Vgl. den Vortrag von Hans-Hermann Lochen in der 41. öffentl. Sitzung der Enquetekommission, Bd. IV, S. 270, sowie die 69. öffentl. Sitzung zum Thema „Die Flucht- und Ausreisebewegung in verschiedenen Phasen der DDR-Geschichte"; Bd. VII, 1; hier mit Zeitzeugenberichten

[100] Dokumentiert in Lochen, Hans-Hermann; Meyer-Seitz, Christian (Hg.): Die geheimen Anweisungen zur Diskriminierung Ausreisewilliger – Dokumente der Stasi und des DDR-Ministeriums des Innern, Köln 1992

[101] Vgl. ausführlich BStU, Abt. BF, MfS-Handbuch, Die Zentrale Koordinierungsgruppe, Bearbeiter: Bernd Eisenfeld, Berlin 1995

[102] Quelle: LG Magdeburg 1994, Urteil vom 15.2.1994 (Az.: 23 Kls 11/91) gegen Frank Groß und Siegfried Klose wegen Rechtsbeugung, S. 16ff., und BGH, Urteil vom 30.11.1995 (4 StR 777/94)

[103] Quelle: LG Magdeburg 1994, Urteil vom 15.2.1994 (Az.: 23 Kls 11/91) gegen Frank Groß und Siegfried Klose wegen Rechtsbeugung, S. 144ff., und BGH, Urteil vom 30.11.1995 (4 StR 777/94)

[104] Quelle: LG Magdeburg 1994, Urteil vom 15.2.1994 (Az.: 23 Kls 11/91) gegen Frank Groß und Siegfried Klose wegen Rechtsbeugung und BGH, Urteil vom 30.11.1995 (4 StR 777/94)

[105] BGH, Urteil vom 30.11.1995 (4 StR 777/94)

[106] Siehe Urteil des BGH vom 15.9.1995 – 5 StR 713/94 (LG Berlin), in: NJW 1995, S. 3324ff.

[107] Ebd.

[108] Darstellung mit Zustimmung von R. Brauckmann und auf Grundlage von Dokumenten, die er zur Verfügung stellte

[109] BStU OV "Strohmann" VI/216/81 (AOP Ctb. 1771/82), ZAIG 49/82 vom 21.5.1982 BV Cottbus an HA XX Berlin

[110] Kreisgericht Hoyerswerder 1982, Urteil vom 21.6.1982 (Az.: 08 S 175/82) gegen Roland Brauckmann

[111] BG Magdeburg 1975, Urteil vom 20.3.1975 – Az.: Ia BS 4/75 – gegen D., Archiv des Autors

[112] Siehe als Überblick Blutke, Günter : Obskure Geschäfte mit Kunst und Antiquitäten, Berlin 1994, 2. Aufl. (hier bereits zum Fall Schwarz S. 76ff.) sowie die mehrere tausend Seiten umfassenden Abschlussberichte des Schalck-Golodkowski-Untersuchungsausschusses des 12. Deutschen Bundestages, Drucksachen 12/7600, 12/7650, 12/7725 und 12/8595

[113] OLG Brandenburg, Urteil vom 30.11.1995, 1 Ws (Reha) 116/95(Archiv des Autors); zum Fall siehe auch die Darstellung von Peter Jochen Winters „Gezielte Ausplünderung der Kunst- und Antiquitätensammler", in: FAZ, 3.5.1996, S. 3

[114] Siehe Urteil des BGH vom 15.9.1995 – 5 StR 713/94 (LG Berlin), in: NJW 1995, S. 3324ff.

[115] Bericht vor der Enquetekommission, 41. Sitzung, Bd. IV, S. 264ff.

[116] Die Schilderung des Falles folgt der Darstellung in „Politische Strafjustiz in der früheren DDR – dargestellt an Einzelschicksalen", zusammengestellt durch die Landesjustizverwaltungen der Länder Berlin, Brandenburg, Mecklenburg-Vorpommern, Sachsen, Sachsen-Anhalt und Thüringen; 1997

[117] HA Kader/Qualifizierung, Berlin, den 10.12.76, Aktenvermerk, gez. Schiller; Dokument im Archiv des Autors; vgl. auch die beiden arbeitsrechtlichen Kassationsentscheidungen des OG vom Dezember 1989 und Januar 1990 in: NJ 1990, S. 260f. Sie betrafen einen Änderungsvertrag und eine Kündigung nach Austritt aus der SED.

[118] So eine Information vom 16.1.1976 an den Ersten Sekretär der Bezirksleitung Berlin, Konrad Naumann; BArch DY 30 SAPMO IV C 2/13/676

[119] Vgl. z.B. BArch DP 2/1928: Wochenmeldungen Gerichte an OG-Vizepräsident Straßberg 1985–87

[120] Dokument in Jörg Arnold: Die Normalität des Strafrechts der DDR, Gesammelte Beiträge und Dokumente, Bd. 1, Freiburg im Breisgau 1995, S. 440

[121] Erklärung des Plenums der OG der DDR, Berlin, 6.12.1989; BArch DP 2-1960

[122] BG Rostock, Protokoll über die am 14.11.1989 durchgeführte außerordentliche Sitzung des Präsidiums des BG Rostock, Quelle: BArch DP 1/S-594

[123] BG Rostock, Protokoll über die am 24.11.1989 durchgeführte Sitzung des Präsidiums des BG Rostock, Quelle: BArch DP 1/S – 594

[124] Kassation der Urteile gegen Janka, Just, Zöger, Wolf am 5.1.1990, in: NJ 1990, S. 50ff.

[125] Vgl. z.B. Jesse, Eckhard (Hg.): Totalitarismus im 20. Jahrhundert – Eine Bilanz der internationalen Forschung, Bundeszentrale für politische Bildung, Bonn 1996

5.3 Verzeichnis der Abkürzungen

Abt.	Abteilung
Art.	Artikel der DDR-Verfassung
BArch	Bundesarchiv
BDM	Bund Deutscher Mädel
BG	Bezirksgericht
BGH	Bundesgerichtshof
BV	Bezirksverwaltung (des MfS)
CDU	Christlich-Demokratische Union
DBD	Demokratische Bauernpartei Deutschlands
DDR	Deutsche Demokratische Republik
Ebd.	Ebenda
FDGB	Freier Deutscher Gewerkschaftsbund
FDJ	Freie Deutsche Jugend
Gbl	Gesetzblatt der DDR
gem.	gemäß
GStA	Generalstaatsanwalt
HJ	Hitlerjugend
HV	Hauptverwaltung
HVDVP	Hauptverwaltung der Deutschen Volkspolizei
IM	Inoffizieller Mitarbeiter
JHS	Justizhochschule
KG	Kreisgericht
KPdSU	Kommunistische Partei der Sowjetunion
KZ	Konzentrationslager
LDPD	Liberal-Demokratische Partei Deutschlands
LG	Landgericht
LPG	Landwirtschaftliche Produktionsgenossenschaft
MdI	Ministerium des Innern
MdJ	Ministerium der Justiz
MfS	Ministerium für Staatssicherheit
NDPD	Nationaldemokratische Partei Deutschlands
NKWD	Volkskommissariat für innere Angelegenheiten der UdSSR
NSDAP	Nationalsozialistische Deutsche Arbeiterpartei
OG	Oberstes Gericht der DDR
OLG	Oberlandesgericht
SA	Sturmabteilung der NSDAP
SAPMO	Stiftung Archiv der Parteien und Massenorganisationen im Bundesarchiv
SBZ	Sowjetische Besatzungszone
SED	Sozialistische Einheitspartei Deutschlands
SKK	Sowjetische Kontrollkommission
SS	Schutzstaffel
StEG	Strafrechtsergänzungsgesetz (1957)
VA	Vollzugsanstalt
VP	Volkspolizei
VVN	Vereinigung der Verfolgten des Naziregimes
ZAIG	Zentrale Auswertungs- und Informationsgruppe des MfS
ZK	Zentralkomitee (der SED)
ZKG	Zentrale Koordinierungsgruppe (des MfS) gegen Ausreiseantragsteller (ab 1976)
ZPA	Zentrales Parteiarchiv (der SED)
ZPKK	Zentrale Parteikontrollkommission

5.4 Bildnachweis

Thomas Ammer, Euskirchen (Privatbesitz): 44 links
Archiv der sozialen Demokratie, Bonn: 29 oben
ARD aktuell, Hamburg: 74, 76, 89
Roland Brauckmann, Hoyerswerda (Privatbesitz): 80
Bundesarchiv, Koblenz: 9, 12, 41 oben, 57, 59, 64
Bundesbeauftragter für die Unterlagen des Staatssicherheitsdienstes der ehemaligen DDR (BStU), Berlin: 7
BStU, Außenstelle Gera: 45, 46
Bundesministerium der Justiz: 17
Siegfried Berger, Kiel (Privatbesitz): 33
Achim Beyer, Erlangen (Privatbesitz): 20
Deutsche Bahn AG/Reiche, Berlin: 83
Deutsche Presse Agentur, Frankfurt/M.: 28 unten, 40, 50, 93 oben
Deutscher Bundestag, Bonn: 8
Karl Wilhelm Fricke, Köln (Privatbesitz): 38
Johann Frömel, Nürnberg (Privatbesitz): 44 Mitte
Heinz Grünhagen, Strausberg (Privatbesitz): 32
Horst Hennig, Köln (Privatbesitz): 18 links und Mitte
Peter Hermann, Taufkirchen (Privatbesitz): 44 rechts
Arno Hoffmann, Potsdam: 85
Jürgens Ost- und Europafoto, Berlin: 25, 52
Joachim G. Jung/Hanns Reich Verlag, Icking: 48 oben
Keystone Pressedienst, Hamburg: 35, 36, 37, 48 unten, 51, 53, 56, 62, 63, 68, 82, 84, 90, 93 unten, 94
Landesbildstelle Berlin: 29 unten, 41 unten
Privatbesitz: 22
Rudolf Riedl, Bonn: 78
Sabine Schulz, Berlin: 39, 96
Stiftung Archiv der Parteien und Massenorganisationen der DDR im Bundesarchiv, Berlin: 30
Süddeutscher Verlag/DIZ München: 10, 42, 47, 54, 61, 67, 71, 72, 73, 86 (dpa/DIZ), 92 oben
Der Tagesspiegel, Berlin: 66
Ullstein Bilderdienst, Berlin: 11, 24, 26, 27, 28 oben, 34, 49, 65, 70, 79, 92 unten, 98 (Ullstein/Poly-Press)
Verband ehemaliger Rostocker Studenten, Dannenberg: 18 rechts
Wolfgang Völzke, Sindelfingen (Privatbesitz): 16

5.5 Ausgewählte Literatur:

Angegeben wurden bis auf wenige Ausnahmen nur Texte, die 1998 im Buchhandel zu beziehen sind.
° = Ausschließlich oder auch als Publikation der Bundeszentrale für politische Bildung, Bonn, erhältlich
* = im Buchhandel erhältlich

1. Komprimierte erste Einführungen in das historische Umfeld

° Bundeszentrale für politische Bildung (Hg.): Informationen zur politischen Bildung Nr. 231: Geschichte der DDR, Bonn 1991
° Bundeszentrale für politische Bildung (Hg.): Informationen zur politischen Bildung Nr. 259: Deutschland 1945 – 1949. Besatzungszeit und Staatengründung, Bonn 1998
° Bundeszentrale für politische Bildung (Hg.): Informationen zur politischen Bildung Nr. 256: Deutschland in den fünfziger Jahren, Bonn 1997
° Bundeszentrale für politische Bildung (Hg.): Informationen zur politischen Bildung Nr. 258: Zeiten des Wandels. Deutschland 1961 – 1974, Bonn 1998

2. Gesamtdarstellungen/ Überblicke zur politischen Justiz

* Deutscher Bundestag (Hg.): Materialien der Enquetekommission „Aufarbeitung von Geschichte und Folgen der SED-Diktatur in Deutschland", Neun Bände in 18 Teilbänden, Baden-Baden 1995
* Beckert, Rudi: Die erste und letzte Instanz: Schau- und Geheimprozesse vor dem Obersten Gericht der DDR, Goldbach 1995
°* Neubert, Ehrhart: Geschichte der Opposition in der DDR 1949 – 1989, Bonn und Berlin 1997
* Rieke, Dieter (Hg.): Sozialdemokraten als Opfer im Kampf gegen die rote Diktatur. Arbeitsmaterialien zur politischen Bildung, Bonn 1994
* Wandel, Eberhard: Ulbricht als Richter und Henker, Berlin 1996
* Werkentin, Falco: Politische Strafjustiz in der Ära Ulbricht, Berlin 1997, 2. Aufl.

3. Detaillierte Darstellungen einzelner Fälle

* Berliner Landesbeauftragter für die Unterlagen des Staatssicherheitsdienstes der ehemaligen DDR (Hg.): Berger, Siegfried: „Ich nehme das Urteil nicht an" – Ein Berliner Streikführer des 17. Juni vor dem sowjetischen Militärtribunal, Berlin 1998
* Knechtel, Rüdiger / Fiedler, Jürgen (Hg.): Stalins DDR – Berichte politisch Verfolgter, Leipzig 1992
* Eisert, Wolfgang: Die Waldheimer Prozesse – Der stalinistische Terror 1950, München 1993
* Krönig, Waldemar / Müller, Klaus-Dieter: Anpassung – Widerstand – Verfolgung: Hochschulen und Studenten in der SBZ und DDR 1945 – 1961, Köln 1994
* Köpke, Horst / Wiese, Friedrich-Franz (Hg.): Mein Vaterland ist die Freiheit. Das Schicksal des Studenten Arno Esch, Hinstorff Verlag, Rostock 1990
* Zur Mühlen, Patrik von: Der „Eisenberger Kreis": Jugendwiderstand und Verfolgung in der DDR 1953 – 1958, Bonn 1995

4. Autobiographische Berichte von Verurteilten und Opfern

* Bath, Matthias: Eintausendeinhundertsiebenundneunzig Tage als Fluchthelfer in DDR-Haft, Berlin 1987
* Baganz, André: Lebenslänglich Bautzen – Als Farbiger in der DDR, Berlin, Bonn 1993
* Friedrich-Ebert-Stiftung (Hg.): Frauen als politische Gefangene – Die Erinnerung an die Opfer totalitärer Gewaltherrschaft. Hoheneck 27. bis 29. Oktober 1991; 30. September bis 4. Oktober 1993. Eine Dokumentation, Bonn 1993
* Fricke, Karl Wilhelm: Akten-Einsicht: Rekonstruktion einer politischen Verfolgung, Berlin 1996
* Fritzsch, Günter: Gesicht zur Wand. Willkür und Erpressung hinter Mielkes Mauern, Leipzig 1994
* Graul, Elisabeth: Die Farce: Ein Stück Autobiographie; Magdeburg 1996, 2. Auflage
* Pfeiffer, Werner: Mit 15 in die Hölle. Ein Tatsachenbericht, Bonn 1994
* Schacht, Ulrich (Hg.): Hohenecker Protokolle: Aussagen zur Geschichte der politischen Verfolgung von Frauen in der DDR, Frankfurt/M, Berlin 1989
* Schmutzler, Georg-Siegfried: Gegen den Strom: Erlebtes aus Leipzig unter Hitler und der Stasi, Göttingen 1992
* Skribanowitz, Gert: „Feindlich eingestellt": Vom Prager Frühling ins deutsche Zuchthaus, Sindelfingen 1991
* Storck, Matthias: Karierte Wolken: Lebensbeschreibungen eines Freigekauften, Moers 1994
* Thiemann, Ellen: Stell dich mit den Schergen gut: Meine Wiederbegegnung mit dem Zuchthaus Hoheneck, Frankfurt/M, Berlin 1992
* Wollenberger, Vera: „Virus der Heuchler" – Innenansichten aus Stasiakten, Berlin 1992
* Zilli, Timo: Folterzelle 36 Berlin-Pankow: Erlebnisbericht einer Stasihaft, Berlin 1993